«El autor, Sean McDowell, tie
los en práctica, de modo qu
todos los jóvenes que buscan

Profesor de Investig

«Es absolutamente evidente que McDowell comprende el corazón y la cultura de
la juventud de hoy. Sean presenta las verdades que son importantes y una ayuda a
los estudiantes dondequiera que se encuentren.

SHAUN BLAKENEY
Iglesia de Saddleback, pastor de jóvenes estudiantes secundarios

«No hay otro libro que llegue al punto de las necesidades morales de los adolescentes y los padres de hoy más que este texto claro, conciso y encomiable del escritor Sean McDowell».

NORMAN GEISLER
Presidente del Seminario Evangélico del Sur
Autor de más de 50 libros sobre ética y apologética

«*éti-K* es un recurso poderosísimo para los jóvenes que desean ser discípulos de
Jesucristo, transformados y apasionados, y que saben cómo responder a un mundo que se mofa de los principios de la Biblia».

RON LUCE
Presidente del Ministerio Teen Mania [Manía adolescente]

«Sean McDowell ha escrito con autoridad un libro sobre ética para los jóvenes
cristianos. Quisiera que cada adolescente de mi iglesia lo leyera, estudiara y apli-
cara la sabiduría que denota».

JAMES W. SIRE
Autor de *The Universe Next Door* [El universo que nos rodea]

«*éti-K* es un libro que se necesita muchísimo. Hoy los jóvenes precisan que se los
desafíe para usar su mente y pensar en los asuntos más importantes de la vida. El
autor, Sean McDowell, lo ha logrado».

JAMES PORTER MORELAND
Distinguido profesor de Filosofía de la Facultad de Teología Talbot de la Universidad
Biola y coautor de *The Lost Virtue of Happiness* [La pérdida de la virtud de la felicidad]

«Sean McDowell tiene una gran habilidad para transmitir la verdad a los estudiantes. *éti-K* es un libro que todo joven debe leer en momentos en que los adolescentes necesitan claridad respecto de lo que creen y no creen».

CHUCK KLEIN
Director nacional de Student Venture [Aventura estudiantil],
Cruzada Internacional para Cristo

«Aprender a pensar con la mente de Cristo es una de nuestras grandes tareas. Esto
es especialmente verdadero en el área de lo que está bien y lo que está mal. Gracias por *éti-K*. Lo recomiendo muchísimo».

DAVID A. NOBEL
Presidente de los Ministerios Summit;
autor de *Understanding the Times* [Entender los tiempos]

«Sean McDowell forma parte de una generación de jóvenes cristianos pensadores que rápidamente se transforman en líderes que capacitan a la Iglesia al llegar a dominar el poder intelectual de la tradición cristiana».

FRANCIS J. BECKWITH
Director asociado del J. M. Dawson Institute of Church-State Studies; profesor asociado de la Church-State Studies, en la Universidad Baylor

«El mundo ha menospreciado la verdad; sin embargo, la verdad tiene sus consecuencias. *éti-K* te proporciona un mapa de caminos claros en medio del peligroso terreno de este mundo moderno. El autor, Sean McDowell, te ayudará a que sepas cómo tomar la decisión adecuada».

KERBY ANDERSON
Director nacional de los Ministerios Probe; autor de *Christian Ethics in Plain Language* [Una ética cristiana en lenguaje sencillo]

«Mientras las iglesias en todo el país les exigen menos a los jóvenes, McDowell les exige más. *éti-K* les brinda a ésta, su generación de cristianos, la ruta y el compás para navegar en una cultura caótica».

GREGORY KOUKL
Presidente de Stand to Reason [Quédate a razonar]; coautor de *Relativism: Feet Firmly Planted in Thin Air* [Relativismo: con los pies bien firmes en la tenue brisa]

«Sean McDowell les ha dado a los estudiantes un maravilloso comienzo al brindarles una visión del mundo bíblico. De esta manera logra poner en práctica las verdades teológicas. *éti-K* es un libro que los estudiantes, los padres y las personas que trabajan con los jóvenes deben leer».

JIM BURNS
Doctor en Filosofía y presidente de HomeWord

«Hay una nueva voz que trae claridad y dirección en este siglo XXI. Se llama Sean McDowell. Este libro brinda una guía lógica y sólidas respuestas para la juventud de hoy. ¡Cada padre, pastor de jóvenes y estudiante debe leer este atractivo ejemplar!»

MIKE LICONA
Director de Evangelismo Apologético, Junta de Misiones de Norteamérica

«*éti-K* te equipa para que tomes las decisiones adecuadas en un mundo que se ha apartado de la verdad».

GREG STIER
Presidente de los Ministerios Dare 2 Share [Atrévete a compartir]

«*éti-K* es una obra de suma importancia que ayudará a esta generación a establecer los puntos cruciales para su vida y crear las bases para las decisiones que toman. El autor, Sean McDowell, nos dice la verdad sobre la verdad».

MONTY HIPP
Presidente del grupo C4

«En un mundo de relativismo moral, los estudiantes necesitan saber cómo pensar con claridad y de un modo bíblico respecto de los temas dificultosos de la vida. McDowell ofrece un enfoque nuevo y cautivador que responde a las preguntas más difíciles de responder. Te lo recomiendo».

DR. DANN SPADER
Fundador de los Ministerios Sonlife; presidente de Global Youth Initiative [Iniciativa Juvenil Mundial]

ÉTI-K

DECISIONES
EN UN MUNDO DONDE TODO CUENTA

ÉTI-K

DECISIONES
EN UN MUNDO DONDE TODO CUENTA

SEAN MCDOWELL

NASHVILLE, TENNESSEE

ISBN: 978-0-8054-4452-0

Publicado por B&H Publishing Group
Nasvhille, Tennessee

Clasificación Decimal Dewey: 241
Temas: ÉTICA CRISTINA / JUVENTUD / VIDA CRISTIANA

Publicado originalmente en inglés con el título *EthiX*
© 2006 por Sean McDowell
Publicado por B&H Publishing Group

Traducido al español por: Sandra R. Leoni
Tipografía de la edición en castellano: Grupo Nivel Uno, Inc.

Impreso en EE.UU.
1 2 3 4 5 ❖ 10 09 08 07

A Stephanie, mi esposa,
un verdadero ejemplo de quien
vive con arrojo lo que cree

Índice

Reconocimientos

La primera persona a la que quiero agradecerle es a mi padre, Josh. Ningún hijo puede estar más orgulloso por la manera audaz en que un padre da el ejemplo de sus convicciones. Agradezco su ayuda, observaciones y opinión en este proyecto. Le doy gracias a mi madre, Dottie, por su trabajo de revisión y el aliento que me brindó en todo este proceso.

Gracias a Brannon Howse, presidente de Worldview Weekends, por presentarme a la magnífica gente de Broadman & Holman y por su orientación durante el proceso de escritura.

Aprecio el trabajo de todos mis editores personales, quienes me brindaron sus valiosos comentarios, incluidos Brett Kunkle, Carlos Delgado, Stephen Wagner y a los editores de Broadman & Holman.

Gracias a todo el equipo de B&H, en especial a David Shepherd, Lisa Parnell y Stephanie Huffman. Considero un privilegio ser parte de esta línea de recursos que aporta una vital e importante contribución para ayudar a nuestros jóvenes a mantenerse firmes en la fe cristiana.

Gracias a mi Señor y Salvador, Jesucristo. Tú eres el ejemplo perfecto de amor y audacia en acción. Oro para que este libro y mi vida sean parte de la edificación de tu reino.

CAPÍTULO 1

Respaldar lo correcto

Propósito

Comprender la importancia de tomar las decisiones adecuadas para una vida feliz y significativa

En este capítulo aprenderás

- Qué se necesita para tener una vida feliz en vez de una vida vacía
- Cuatro razones que indican por qué decidir correctamente es tan importante
- Ideas que te ayudarán a respaldar lo correcto

Jana nunca había imaginado que podría enfrentar una decisión semejante. Como miembro de un grupo de jóvenes de la escuela secundaria, había aprendido mucho sobre tomar decisiones correctas y honrar a Dios en su vida diaria, pero esto parecía ir más allá de todo lo que la había puesto a prueba antes. *¿Cómo puedo hacer lo correcto,* se preguntaba, *cuando mi profesor de Psicología de la universidad me ha asignado ver películas pornográficas en segmentos de una hora y escribir una evaluación que será parte de mi nota?* Si Jana no presentaba este trabajo, su nota se vería afectada, pero sabía que Dios anhelaba que se mantuviera sexualmente pura. ¿Qué *debía* hacer?

La profesora de Historia de Michael le dio un proyecto, con libertad para que eligiera cualquier personaje histórico. Como cristiano, Michael decidió escribir sobre la vida de Jesús de Nazaret. Cuando lo entregó, ésta lo objetó firmemente, aun cuando algunos en la clase escribieron sobre otras figuras religiosas. Trató de que ella entrara en razones, pero la profesora se rehusó a ceder. ¿Qué debía hacer? ¿Respaldar y mantenerse firme en su fe?

Después de seis meses de salir con Tim, Jennifer comenzó a sentir que el amor había llegado. Él era sensible, cariñoso y divertido. Su papá no le prestaba mucha atención, y ella buscaba con desesperación un afecto genuino. Previamente habían establecido los límites en cuanto a lo físico, pero ahora se sentían demasiado cerca uno del otro y comenzaron a preguntarse: *Si de verdad estamos enamorados, ¿por qué* no *está bien que tengamos relaciones sexuales?* ¿Está bien que tengan relaciones sexuales porque están enamorados y algún día la relación termine en casamiento? ¿Es esto realmente tan problemático? ¿No nos perdonará Dios de todos modos?

¿Qué harías si estuvieras en alguna de estas situaciones descriptas? ¿Realmente importa qué decisiones tomen Jana, Michael y Jennifer? ¿Pueden las decisiones que tomas en tu juventud afectar tu futuro como adulto? ¿Cómo puedes respaldar lo que es correcto cuando hay tanto en tu contra? En la obra *La República*, de Platón, Sócrates comenta: «No hablamos de pequeñeces, sino del modo en que debemos vivir». Su postura es simple: la pregunta más importante que nos hacemos en la vida no se refiere a nuestra carrera ni dónde viviremos o a qué universidad iremos. La pregunta más importante se refiere a asuntos sobre *cómo* vivir nuestra vida. ¿Por qué o para quién vivimos?

Todos los días nos enfrentamos con decisiones morales: ¿Debería respetar a mis padres? ¿Debería hacer trampas en mi próximo examen? ¿Cuán lejos debería llegar con mi novio o novia? ¿Debería ver cierta película? Te enfrentarás a problemas morales que harán que las decisiones sean difíciles. La manera en que respondes a estas opciones determina quién eres ahora y, sucesivamente, te moldea en quién serás. Este libro se propone darte los elementos para que pienses en los asuntos morales más apremiantes, y que entonces puedas respaldar lo correcto y ser el tipo de persona que Dios anhela que seas.

¿Felicidad o vacío?

En la película *Triple X*, Vin Diesel desempeña el papel de Xander Cage, un atleta profesional de deportes extremos, que después de incontables problemas con la ley, y para no ir a la cárcel, acepta una misión especial en la clandestinidad en la que se relaciona con la mafia rusa. Por medio de una serie de increíbles peripecias que llegan al borde de lo imposible (y muchísima disposición), Cage cumple con su especial misión gubernamental y queda en libertad.

Es obvio que la audiencia a la que *Triple X* apunta son los adultos jóvenes. Poco después del estreno de la película, la revista *Entertainment Weekly* entrevistó a Diesel. Cuando se le preguntó sobre su papel en el filme, comentó: «Estamos reinventando por completo las películas de espionaje para una nueva generación. Triple X no es Austin Powers; ésta no es una parodia, es una verdadera película de espionaje, pero no es James Bond. Es completamente diferente. Es metropolitana y multiétnica. Tiene juegos no permitidos para menores, tatuajes y personas con perforaciones en su cuerpo. Hay una actitud totalmente renovadora en este filme. Traemos a una clase diferente de héroe, un nihilista, un antihéroe, un tipo al que no le importa otra cosa más que su propia fascinación».

En otras palabras, *el héroe de hoy es una persona a quien no le importan los valores y que sólo vive para la emoción del momento*. Si Diesel se enfrentara a los dilemas que presentamos anteriormente, podría responder: «Oye, haz lo que te haga sentir bien. Vive la emoción del momento y no te preocupes por nada ni nadie más».

Aunque para algunos puede resultar atractivo vivir por la emoción del momento, si tú sigues el consejo de Diesel terminarás, en definitiva, en una vida vacía. Imagínate si te casas con un hombre o una mujer con esta filosofía. Una vez que no sea más emocionante estar con tu cónyuge, te dejará. No podrás establecer un compromiso en la relación. En Proverbios 14:12, Salomón dice: «Hay camino que al hombre le parece derecho; pero su fin es camino de muerte». No sólo acarrea consecuencias dolorosas por ignorar la verdad, sino que la persona que busca significado solamente en las emociones, está destinada a sentirse vacía.

Es interesante observar que los estudios recientes indican que esto se ha hecho realidad para tu generación más que para cualquier otra en la historia. Hoy los jóvenes aceptan la perspectiva de vida de Vin Diesel y, como resultado de eso, constituyen una generación más depresiva que las anteriores. ¿Por qué es así? ¿Por qué muchos jóvenes hoy carecen de propósito y significado en sus vidas? La simple razón es porque adoptan la falsa visión de felicidad que esta cultura promueve. Son demasiados los jóvenes que hoy creen que su vida tendrá significado *sólo* si pueden llenarla de emoción y bienes materiales. Pero, a pesar de lo que Vin Diesel podría argumentar, este punto de vista solamente lleva a un vacío interior. Piensa por un momento. ¿Qué te dejará una noche de tragos y borrachera? Al principio podría parecer excitante, novedoso. Pero, hagámonos las preguntas que la mayoría de las personas quiere ignorar: *¿Realmente te hará sentir bien?* La emoción podría durar un rato, pero no mucho. ¿Y qué sucede cuando la emoción se termina? ¿Te dará un sentido de pertenencia? Lo más probable es que te sientas deprimido, solo y busques algo más con qué satisfacerte. Muchas personas tratan de hallar felicidad y significado en un lugar donde simplemente no pueden encontrarlos. ¿Estás dispuesto a considerar otra posibilidad?

¿Hay otra manera?

Jesús, 2000 años atrás, predicó a sus seguidores un sermón sobre las cosas más importantes en la vida. Resumió el punto central de su mensaje cuando dijo: «Mas buscad primeramente el reino de Dios y su justicia, y todas estas cosas os serán añadidas» (Mat. 6:33). En otras palabras, lo más importante para nosotros es enfocarnos primero *no* en nuestras propias emociones o posesiones, sino en *construir el reino de Dios y vivir en forma correcta.* Cuando nos olvidamos de nuestro propio placer y nos concentramos en hacer que la existencia de los demás sea mejor, de manera sorprendente obtenemos una vida significativa y feliz.

Considera algunas verdades sobre los jóvenes que creen en Dios que se mencionan en el ejemplar anual sobre la felicidad en la revista *Time.*

- Los adolescentes creyentes padecen de menos estrés y son más felices que los que no creen.
- Los adolescentes creyentes padecen menos estrés y menos ansiedad, y el índice de suicidios es menor que el de las personas no religiosas.
- Los adolescentes que concurren a los cultos, leen la Biblia, oran y ayudan a otras personas, están menos solos, se los comprende más y se preocupan más por el prójimo que sus pares que no practican una religión.[1]

No encontramos la felicidad cuando procuramos divertirnos con intensas emociones y hacemos caso omiso de lo que es correcto. La felicidad se alcanza cuando nos convertimos en personas de bien, comprometidas a edificar el reino de Dios. Sólo cuando dejamos de concentrarnos de manera egoísta en nosotros mismos y comenzamos a preocuparnos por los demás, hallamos el verdadero significado de la vida. Como ves, ésta es una paradoja en la vida cristiana: ¡sólo encontrarás tu lugar cuando dejes de concentrarte solamente en ti! Por eso Jesús dijo: «Si alguno quiere ser el primero, será el postrero de todos, y el servidor de todos» (Marcos 9:35). De manera similar, el presidente Jimmy Carter aconsejó a los jóvenes: «Todos nos preguntamos acerca de nuestro verdadero propósito en la vida. Para algunos, esta pregunta se convierte en una profunda fuente de ansiedad. Cuando nuestro interior está en caos y necesita sanarse, la inseguridad sobre el significado de la vida puede comenzar a ser una obsesión autoconmiserativa o depresión. Para muchos, la mejor solución es pensar en algo que puedan hacer por el otro... Sin importar lo que queramos obtener de la vida, podremos hallarlo si no somos egoístas y nos concentramos en *algo* o en *alguien* fuera de nosotros mismos».[2]

Cuatro razones que indican por qué decidir correctamente es tan importante

1. LAS DECISIONES CORRECTAS DESARROLLAN LA ENTEREZA

Cuando era joven, uno de mis mentores compartió conmigo la siguiente verdad: «Las decisiones que se tomen hoy determinan en qué se convertirá la persona mañana». En otras palabras, nuestras decisiones diarias edifican las bases de nuestra entereza, que constituyen quiénes *en realidad* somos interiormente. Mi papá lo expresó así una vez: «Siembra un pensamiento y cosecharás una acción; siembra una acción y cosecharás un hábito; siembra un hábito y cosecharás entereza; siembra entereza y cosecharás un destino». Es una actitud de modestia darse cuenta de que las decisiones que tomamos *hoy* ayudarán a moldear nuestro futuro. En realidad, en cualquier instancia de nuestra vida, la habilidad de tomar buenas decisiones está influida por nuestras decisiones previas. Permíteme explicarte.

¿Alguna vez mentiste? Después de decir una mentira, ¿es más fácil o más difícil decir otra? Creo que, si eres sincero, tienes que admitir que la segunda vez es mucho más fácil que la primera. Ahora, ¿alguna vez has defendido lo que es correcto? Si lo has hecho, te darás cuenta de que es cada vez más fácil hacer lo correcto cuando lo realizas con mayor frecuencia. ¿Tratas a las personas con respeto? ¿Eres cauteloso y proteges tu mente con las imágenes que pones delante de tus ojos? ¿Te sometes a la autoridad? Tomar las decisiones correctas es muy importante porque en este proceso se moldea nuestro carácter.

Ésta es una verdad que el relato bíblico de José ilustra bien. De los doce hermanos, Jacob consideraba a José como su preferido, lo que causó que sus once hermanos lo vendieran a un mercader de esclavos egipcio. Solo, en una tierra extraña, José se convirtió en siervo de Potifar, un prominente oficial de la corte en Egipto. Gracias a la fidelidad de José y a su arduo trabajo, Potifar lo puso a cargo no sólo de su casa, sino también de todo lo que poseía.

Sin embargo, repentinamente, José tuvo que enfrentarse a la prueba de su vida. La esposa de Potifar, sin dudas una mujer bellísima, trató de seducirlo al intentar tener relaciones sexuales con él. Imagínate todas las excusas que José podría haber dado para justificar acostarse con ella. «Nadie se enterará». «He estado tan solo en Egipto, lejos de mi familia». «Nadie se perjudicaría». Sin embargo, José se rehusó a traicionar a su amo y, esencialmente, a su Dios.

José, aun en su juventud, tomó siempre las decisiones adecuadas. ¿Qué fue lo que le dio la entereza para tomar la decisión correcta cuando tenía tantos motivos para ceder? En primer lugar, José tenía un compromiso personal con Dios y lo seguiría sin importar las circunstancias del entorno. A pesar de que lo enviaron como esclavo a una tierra extraña, y que lo encarcelaron, se mantuvo firme y no traicionó a Dios. Su compromiso a hacer lo correcto sentó las bases en su vida que, por último, lo llevó a ser amable y proveer a sus hermanos, ¡los mismos que lo habían traicionado!

2. Las decisiones adecuadas nos protegen

Cierta vez, mi papá me contó un relato sobre un joven cuyo nombre era Greg, que vivía cerca de una casa que tenía una piscina en el jardín. Greg apenas conocía a la familia que allí moraba y nunca había estado en la piscina; sin embargo, no pensó que ése fuera un gran problema. Un día, a avanzadas horas de la tarde, él y su amiga se metieron en el jardín sin pedir permiso, treparon la cerca y fueron hasta la piscina para nadar. Ignoraron el cartel que decía «No nadar».

Greg se quitó las zapatillas, subió la escalera, y mientras su amiga se sacaba el calzado y las medias, se tiró desde el extremo del trampolín.

Oyó el grito de su amiga un momento antes de quedar inconsciente. La piscina no tenía agua porque se estaba por pintar. La zambullida de Greg terminó en apenas una salpicadura de un poco de agua y en un terrible crujido de huesos. El joven quedó tetrapléjico por el resto de su vida.

Greg ignoró por completo la cerca que sus vecinos habían puesto por protección. Supuso que se encontraba allí para evitar que él y su amiga se divirtieran cuando, en verdad, se había diseñado para protección. Su indiferencia ante estos límites le costó la posibilidad de volver a caminar. De modo semejante, cuando ignoramos los límites éticos de Dios, *que Dios mismo ha puesto para nuestro beneficio*, el costo puede ser devastador. Considera las consecuencias de las siguientes decisiones:

- **Sexo prematrimonial:** Cerca de 3 millones de adolescentes contraen una enfermedad transmitida por contagio sexual.[3] El sexo prematrimonial también lleva a la culpa, al embarazo y a las relaciones conflictivas.
- **Aborto:** Las jóvenes que abortan tienen una tendencia de uno en tres a desarrollar cáncer de mamas.[4] Las mujeres que han abortado tienen un 30% más de probabilidad de sufrir de síntomas de ansiedad, irritabilidad, fatiga y dificultad para dormir.[5]
- **Homosexualidad:** Tres de cada cuatro hombres homosexuales se verán afectados por una enfermedad de transmisión sexual en su vida.[6]
- **Mentir:** Todas las relaciones saludables se construyen sobre la verdad. Cuando mentimos perdemos la confianza de nuestros seres queridos y manchamos nuestra reputación.

Las normas éticas de Dios no se establecieron para robarnos la diversión, sino para protegernos de lo que nos perjudica y nos causa dolor. Las pautas de Dios no sólo nos protegen del mal, sino que también nos dan inconmensurables bendiciones.

3. Las decisiones adecuadas nos proveen

Cuando era niño, traté de atravesar un laberinto gigante en un parque de diversiones. Sin mucho sentido de orientación caminé de un lado a otro por los corredizos sin salida. Al mirar a mi papá, que me observaba desde arriba en esta aventura, recuerdo que deseé poder ver desde su perspectiva. *Habría sido fácil*, pensé, *si tan sólo hubiera podido ver todo el laberinto.*

Dios, de manera similar a la de mi padre, tiene la ventaja de poder ver todo el laberinto. A través del laberinto moral de la vida, Dios puede ver mucho mejor que nosotros, y planea sus mandatos para evitar que nos dirijamos a situaciones sin salida. Cuando Dios nos dice que permanezcamos puros o que seamos honestos o que respetemos la vida, no trata de arruinarnos la diversión. El Señor quiere guiarnos por el laberinto moral de la vida para que experimentemos lo mejor de Él. Deuteronomio dice: «Ahora, pues, Israel, ¿qué pide Jehová tu Dios de ti, sino que temas a Jehová tu Dios, que andes en todos sus caminos, y que lo ames, y sirvas a Jehová tu

Dios con todo tu corazón y con toda tu alma; que guardes los mandamientos de Jehová y sus estatutos, que yo te prescribo hoy, para que tengas prosperidad?» (Deut. 10:12-13).

Cuando era adolescente tomé la decisión de esperar a tener relaciones sexuales hasta que estuviera casado. Aunque hubo muchas tentaciones y momentos en que podría haber sido fácil ceder, le agradezco a Dios que me haya dado fortaleza para confiar en Él. Mi esposa y yo llegamos al matrimonio vírgenes, y nunca tuvimos una pizca de remordimiento ni miedo por lo que traíamos a nuestro lecho matrimonial. Estamos protegidos contra las enfermedades de contagio sexual, la culpa y la presión de compararnos con amantes del pasado. También hay otros beneficios increíbles. Tenemos una verdadera confianza en nuestro matrimonio, una genuina intimidad que, de no haber tomado las decisiones correctas cuando éramos jóvenes, habría sido difícil de lograr. La relación íntima y sincera que experimento ahora con mi esposa es un ejemplo del resultado que proveen las decisiones morales y éticas.

Jeremías 29:11 dice: «Porque yo sé los pensamientos que tengo acerca de vosotros, dice Jehová, pensamientos de paz, y no de mal, para daros el fin que esperáis». Dios realmente quiere que tengamos una vida plena y significativa. Quiere bendecirnos de maneras que en estos momentos son inimaginables. Para poder experimentar sus bendiciones, necesitamos confiar en Él cada día al tomar nuestras decisiones.

4. Las decisiones adecuadas nos ponen de ejemplo ante nuestros pares

Las decisiones adecuadas no solamente nos protegen y proveen, sino que además nos ponen de ejemplo ante nuestros pares. Cuando estaba en el último año de la escuela secundaria, recibí una llamada telefónica que *nunca* olvidaré. Tim, un estudiante del penúltimo año, se comunicó para preguntarme sobre un incidente en el que ambos habíamos sido partícipes ese día en la escuela. El incidente tenía que ver con un colorido sombrero de cuero que yo había traído de México (y, créase o no, lo llevé puesto todo el día). Un día, para mi disgusto, el sombrero desapareció. Días después, Tim apareció con un sombrero *exactamente* igual al mío. Aunque no conocía a Tim, me di cuenta de que se trataba de un joven con problemas. Era demasiada coincidencia, así que me arrimé y le pregunté por mi sombrero. Me juró que era de él, así que preferí creerle y no presionar más.

Pero esa noche, Tim me hizo una simple pregunta: «¿Por qué me trataste con amabilidad?» Para ser sincero, me *sorprendió* escuchar lo que dijo. Parecía ser un muchacho difícil. ¿Por qué le preocupaba lo que yo decía o pensaba? Aunque lo que realmente quebrantó mi corazón fue no haber tenido la valentía de compartir mi fe con él. Tim había notado algo diferente en mí, pero dejé pasar la oportunidad de compartir a Jesús por miedo a que me rechazara o a que se burlara. Un año después de mi graduación, su hermano mayor, que había estado en mi clase, se suicidó. Muchas veces recuerdo ese incidente en mi vida y me pregunto si podría haber ayudado a prevenir dicha tragedia. Si hubieran conocido el poderoso amor de Jesús, sus vidas podrían haber sido diferentes.

Este incidente me enseñó una lección poderosa: que las personas realmente se dan cuenta de cómo vivimos nuestra vida. Hasta aquellos más duros buscan tener un sentido de pertenencia y, en muchas ocasiones, observan qué decisiones tomamos nosotros. Ojalá hubiese tenido la valentía suficiente como para hablarle de Cristo, aunque se hubiera burlado de mí. Se supone que tenemos que dar el ejemplo a las demás personas porque eso es exactamente lo que Jesús ha hecho por nosotros. «Sed, pues, imitadores de Dios como hijos amados. Y andad en amor, como también Cristo nos amó, y se entregó a sí mismo por nosotros, ofrenda y sacrificio a Dios en olor fragante» (Ef. 5:1-2). Algunas veces la gente puede no advertirlo, pero otras lo harán.

Respaldar lo que está bien

¿Te acuerdas de Jana, al comienzo de este capítulo? Su profesor le había dicho: «Puedes optar por ver las películas pornográficas o dejar que te baje la nota un punto». ¿Debería Jana comprometer su nota o su compromiso moral? ¿Habría otra manera? Después de orar bastante, pensarlo y pedir consejo, se le ocurrió una idea. Decidió proponerle a su profesor que le permitiera escribir un ensayo donde ella explicaría por qué no podía hacer la tarea. Si lo aceptaba, entonces estaría exenta de verlo. Y aunque el profesor pensó que nunca admitiría dicha tarea, de todas formas aceptó la propuesta.

Después de muchísima investigación y elaboración intelectual, Jana escribió cuatro páginas sobre por qué, como creyente y seguidora de Cristo, no podía mirar películas obscenas. ¿Puedes adivinar qué sucedió? Su profesor aprobó la tarea, y gracias a que el trabajo ejemplificaba tan bien su punto de vista, el día en que se suponía verían la película pornográfica, hizo que ella pasara al frente para leer su trabajo. Después el educador dijo que eximiría de realizar dicha tarea a quien no quisiera hacerla, sin que esto afectase su nota. ¡Casi la mitad de la clase, tanto estudiantes cristianos como no cristianos, se levantó y salió del aula! Esto demuestra el poder de una persona con convicciones que respalda lo correcto. ¿Estás listo para el desafío?

Revisión

1. Describe de qué manera muchas personas definen hoy la felicidad en nuestra cultura.

_____

_____

_____

_____

_____

_____

2. Según Jesús, ¿cómo encontramos la felicidad?

_____

_____

_____

_____

_____

3. ¿De qué manera nuestras decisiones diarias afectan nuestra entereza?

_____

_____

_____

_____

_____

4. Explica de qué forma las decisiones adecuadas nos protegen.

_____

_____

_____

_____

_____

5. ¿De qué manera las decisiones adecuadas nos proveen?

_____

_____

Pequeños grupos interactivos

1. ¿Qué opinas de: «Siembra un pensamiento y cosecharás una acción; siembra una acción y cosecharás un hábito; siembra un hábito y cosecharás entereza; siembra entereza y cosecharás un destino»? ¿De qué manera nuestras decisiones diarias moldean nuestro destino? ¿Puedes dar algunos ejemplos de principios que funcionen en tu vida?

2. Compara y contrasta la definicione de felicidad, tal como se la entiende en nuestra cultura con la definición que da Jesús. ¿Por qué crees que podemos encontrar la felicidad sólo cuando dejamos de concentrarnos demasiado en nosotros mismos?

3. Torbellino de ideas: ¿De qué manera nuestras decisiones pueden protegernos? ¿De qué manera las decisiones adecuadas nos traen bendiciones?

4. ¿Algunos de ustedes se han visto forzados a respaldar lo que está bien? Compartan, por turno, experiencias en las que respaldaron lo que está bien o donde perdieron la oportunidad de hacerlo.

CAPÍTULO 2

¿Cómo puedo respaldar lo correcto?

Propósito

Evaluar las cinco soluciones más importantes de Dios, que nos permiten respaldar lo correcto

En este capítulo aprenderás

- Que Dios espera que nosotros respaldemos lo que es correcto aun en medio de la inmoral cultura de hoy
- Cómo Dios nos faculta para vivir correctamente por medio de la oración y de su Espíritu Santo
- La importancia de leer la Palabra de Dios y tener excelentes amigos cristianos para tomar decisiones correctas
- Por qué es tan importante limitar el tiempo que participamos en entretenimientos seculares

En entrevistas que se les realizaron a estudiantes de escuela secundaria en 1958, se les pidió que hicieran una lista de problemas importantes a los que se enfrentaban. Las respuestas fueron las siguientes:

- No hacer la tarea
- No respetar las pertenencias, por ejemplo, arrojar libros
- Dejar las luces encendidas y las puertas o ventanas abiertas

- Tirar pelotitas de papel mascado
- Correr en los pasillos

Cuando les muestro estas respuestas a los estudiantes de la actualidad, con frecuencia se sorprenden y ríen. Si te pidieran que hicieras una lista de problemas a los que la juventud se enfrenta hoy, ¿qué dirías? Hace poco les hice esta pregunta a cientos de jóvenes en todo el país. Y como era de esperarse, los resultados fueron por completo diferentes. Ésta es una lista de lo que generalmente la juventud describe como los mayores problemas a los que los jóvenes se enfrentan hoy:

1. Presión para tener relaciones sexuales
2. Drogas y alcohol
3. Estrés
4. Divorcio o padres que no se ocupan de sus hijos
5. Problemas de autoestima y sentido de pertenencia

En todo el país, cada vez que les hago esta pregunta a los muchachos y las chicas, obtengo inevitablemente el mismo resultado. Muchos jóvenes sienten que una cultura hostil los abruma, los estresa y los presiona. Como debes saber bien, *la cultura se desarrolla de una manera radicalmente diferente a la de tus padres.* Te enfrentas a algunos desafíos a los que nunca ha enfrentado otra generación en el transcurso de la historia.

La fidelidad en el matrimonio y la virginidad antes de casarse ya no son la norma, sino la excepción. En realidad, un reciente informe de la revista *Newsweek* indicaba que la infidelidad marital es común y además esperada. Un millón de adolescentes quedan embarazadas cada año. Treinta y tres mil estadounidenses se contagian cada día de una enfermedad de transmisión sexual. Se efectúan, aproximadamente, un millón de abortos por año. La depresión y el estrés proliferan. La falta de la figura paterna y el divorcio es algo común. La pornografía en Internet y las relaciones sexuales alcanzaron su punto más alto. ¿Qué debes hacer tú?

Quizá te sientas tan abrumado con la escuela, los deportes, el grupo juvenil, los amigos y las muchas otras responsabilidades, que difícilmente tengas tiempo para detenerte y concentrarte en Dios. ¿Quién puede de forma sincera tomar hoy las decisiones adecuadas cuando nos bombardean con la música, las películas y otros mensajes de promiscuidad y concesión? La respuesta a esta pregunta es simple: Dios puede. Dios espera que tomemos decisiones éticas y morales. Las normas de Dios nunca cambian, aunque las nuestras sí. Dios espera que obremos correctamente y nos faculta con el poder para hacerlo.

La solución de Dios

1. Dios nos da poder por medio de su Espíritu Santo

Siempre recordaré la excursión que hice con mis amigos durante mi penúltimo año de la universidad. Como era el asistente de la residencia de estudiantes en la universidad, decidí llevar a 18 compañeros a las montañas de San Diego. Sería un fin de semana para crear lazos de amistad y divertirnos. Decidimos enfrentar el desafío que nos presentaba una caminata de 5 km (unas 3 millas) hasta la cima de la montaña Stonewall. Estábamos preparados para escalarla pero no para enfrentarnos a los desafíos del descenso.

Había vivido en la ciudad de Los Ángeles un par de años, pero me había olvidado de cuán oscura llega a ser la noche estrellada en las montañas. Aunque teníamos bastante comida, agua y otras provisiones para el viaje hacia la cima, nos olvidamos de llevar suficientes linternas para que nuestra caminata cuesta abajo fuera segura. El sol se ocultó, oscuras nubes avanzaron y de repente advertimos la necesidad de llegar a casa seguros y rápidamente. Para cuando habíamos reunido todas nuestras cosas y puesto en camino, la oscuridad de la noche era total. Y cuando sacamos las dos linternas que habíamos llevado... ¡nos dimos cuenta de que *ninguna* funcionaba!

Imagínate 19 estudiantes universitarios que descienden en la oscuridad, en la ventosa ladera de la montaña, sin la suficiente luz para ver lo que había por delante. Comenzamos a sentir pánico, pero advertimos que, si queríamos llegar al pie a salvo, tendríamos que actuar juntos. En realidad, algunas sendas podían ser peligrosas, entonces los 19 nos tomamos de las manos y avanzamos lentamente cuesta abajo. Sin la luz de la linterna, deambulábamos sin rumbo fijo en la oscuridad. Si hubiéramos tenido buenas baterías, nuestro viaje habría sido mucho menos frustrante y peligroso. ¡Realmente habría sido fácil!

De la misma manera que una linterna necesita una fuente de energía para funcionar de forma correcta, los seres humanos también necesitamos una fuente de poder. La Biblia nos explica que el Espíritu Santo es nuestra verdadera fuente de poder. Sin el Espíritu Santo estamos desesperanzadamente solos como para soportar el sufrimiento y la frustración. Sin embargo, cuando aceptamos a Jesucristo en nuestra vida, la fuente del poder de Dios entra de forma automática en nosotros. Él nos da la fortaleza para vivir correctamente, una fortaleza que no podemos alcanzar por cuenta propia.

El Espíritu Santo nos declara culpables de pecado y nos equipa con la capacidad de hacer lo correcto (ver Juan 16:8,13). El apóstol Pablo nos dice: «No os ha sobrevenido ninguna tentación que no sea humana; pero fiel es Dios, que no os dejará ser tentados más de lo que podéis resistir, sino que dará también juntamente con la tentación la salida, para que podáis soportar» (1 Cor. 10:13). A pesar de que algunas veces parece imposible, Dios siempre nos equipa para poder resistir la tentación y la adicción. Muchos miembros de Alcohólicos Anónimos pueden testificar sobre la manera en que el poderoso amor de Dios transformó sus vidas cuando estaban en decadencia. Admitir nuestra falta de poder y pedirle a Dios que nos ayude, es el primer paso del proceso. Aun en nuestras mayores luchas de la vida, nuestras adicciones, Dios ofrece su poder para liberarnos.

Dios quiere que evitemos el pecado y que vivamos de una manera plena y significativa, llenos de amor, gozo, paz, paciencia, benignidad, bondad, fidelidad, mansedumbre y autocontrol (Gál. 5:22-23). Pero no importa cuánto tratemos de hacer lo que está bien, si no tenemos la fuente del poder de Dios, el Espíritu Santo, será como intentar usar una linterna sin baterías. El Espíritu Santo nos da la fortaleza para adoptar una postura firme y correcta.

2. Dios nos guía por medio de la oración

Tener una fuente de poder interior no es suficiente. Debe haber también una apropiada *conexión* con la fuente. Permíteme explicarte. El verano siguiente a mi graduación universitaria fue, por lejos, uno de los más calurosos que he experimentado en toda mi vida. Viajaba con mi padre y su equipo por diversos campamentos de jóvenes en el país. Desafortunadamente, teníamos que viajar desde el sur de Texas, pasar por Tennessee y después descender hasta Florida ¡con nuestro vehículo sin aire acondicionado! En realidad disfrutamos del aire acondicionado en el primer tramo del viaje, pero algo no funcionó y tuvimos que soportar un calor de más de 38ºC (100ºF), sin mencionar la increíble humedad que hubo en las dos últimas semanas de nuestro periplo. Recuerdo cómo chorreaba de sudor mientras viajábamos por un extremo de Texas.

El calor no me dejaba concentrar y me era imposible trabajar. Me abanicaba con un libro y miraba la hora pasar. Como ninguno de nosotros podía resolver el problema, decidimos llamar a un mecánico profesional. En realidad, consultamos a tres o cuatro mecánicos durante el viaje, pero *ninguno* pudo solucionar el problema. Entonces comprendimos que tendríamos que soportar el calor.

Finalmente llegamos a casa, y decidimos limpiar el vehículo para dejárselo en condiciones a quien nos lo había prestado. Nunca olvidaré lo que hallé cuando fui a limpiar el compartimento trasero: un disyuntor que estaba conectado directamente a la fuente de potencia del vehículo. Miré con más detenimiento, y me di cuenta de que uno de los circuitos estaba desconectado, ¡y adivinen qué pasó!

El único disyuntor roto estaba directamente conectado al aire acondicionado. Conecté el circuito y en forma instantánea tuve aire acondicionado por 15 minutos mientras terminaba de limpiar el vehículo. En todo nuestro trayecto soportamos tanta molestia, frustración y sufrimiento simplemente porque estábamos *desconectados* de la verdadera fuente de energía. Siempre tuvimos la energía necesaria; pero con un circuito roto que no sabíamos cómo arreglar, no podíamos disfrutarlo.

El Espíritu Santo es nuestra fuente de poder; y la oración, nuestra conexión a dicha fuente. Sin la oración no podemos utilizar el poder que Dios ha depositado en nosotros. Es sorprendente cómo muchos jóvenes deambulan con el poder del Espíritu Santo dentro de ellos y aun así pueden lograr tan poco. Se distraen con las preocupaciones del mundo porque están desconectados de la fuente de poder de Dios. La oración es el circuito que nos conecta al increíble poder de Dios.

Desearía poder transmitirte lo que entiendo sobre cómo funciona la oración. Pero no puedo. Es sencillamente incomprensible para mí que un Dios de amor, todopoderoso y omnisciente pueda escuchar y responder las oraciones humanas. Pero sí lo hace. Entender cómo el Señor puede ordenar su mundo de acuerdo con los deseos humanos va más allá de la capacidad humana. Sin embargo, eso es lo que Dios hace cada día.

Tal vez no responda todas nuestras peticiones de la manera que nos gustaría. Pero te des cuenta o no, esto es algo positivo. Ésta es una lección que el personaje Bruce, interpretado por Jim Carey en la película *Bruce todopoderoso*, aprende de la manera más dura. Dios (papel que interpreta Morgan Freeman) le otorga sus poderes a Bruce por un tiempo, para ver si los puede ejercer mejor. Al tratar de complacer a todos, Bruce decide responder las peticiones con un rimbombante «sí». Pero no se da cuenta de que una respuesta afirmativa para una persona, a veces, tiene un efecto negativo sobre esa específica persona o sobre otra. Rodeado por el caos, Bruce finalmente se percata de que el verdadero Dios es mucho más eficiente para dirigir el mundo que él. Ésta es una lección que también podemos aprender. Dios tiene el control. Escucha nuestras oraciones, y en definitiva «sabemos que a los que aman a Dios, todas las cosas les ayudan a bien, esto es, a los que conforme a su propósito son llamados» (Rom. 8:28).

3. Dios nos habla por medio de su Palabra

No hace mucho tiempo atrás compré una computadora portátil Dell, con los últimos adelantos tecnológicos. ¿Crees que busqué mi viejo manual de Nintendo para entender las intrincadas funciones de mi computadora? ¡Por supuesto que no! Aunque mi original sistema de juego Nintendo es excelente, no me ayudaría a entender cómo funciona mi nueva Dell. La mejor manera de saber cómo operar mi nueva computadora es preguntándole al fabricante que elaboró el manual de instrucciones de acuerdo con lo que proponía. Casi de la misma manera Dios ha revelado lo que se proponía en la Biblia. Si queremos conocer el propósito de las relaciones, el sexo o cualquier cosa en la vida, ¿no deberíamos, en definitiva, consultarle al fabricante?

Si decidimos de verdad ser personas sabias en un mundo en caos, debemos dedicarle tiempo a la lectura y al estudio de la Biblia, que es el manual de instrucciones de Dios para nuestra vida. Para conocer cómo espera Dios que vivamos, y antes de que nos enfrentemos a desafiantes asuntos morales, debemos entender las reglas de Dios. Si desconocemos los principios del Señor, somos más propensos a tomar las decisiones equivocadas que, por lo general, acarrearán consecuencias nefastas. Debemos tener en cuenta y obedecer el consejo que Dios le dio a Josué hace más de 3000 años: «Nunca se apartará de tu boca este libro de la ley, sino que de día y de noche meditarás en él, para que guardes y hagas conforme a todo lo que en él está escrito; porque entonces harás prosperar tu camino, y todo te saldrá bien» (Jos. 1:8).

La Biblia es el libro más asombroso y singular que jamás se haya escrito. Trata asuntos como la muerte, la violación, la homosexualidad y muchas otras controvertidas cuestiones. La escribieron 40 autores de diferentes clases sociales y ocupaciones en un período de más de 1500 años, y sin embargo tiene un único mensaje: la redención de Dios para la humanidad. Se han vendido más ejemplares, traducido a muchísimos idiomas y ha tenido un impacto colosal en la historia del mundo *más que ningún otro libro en la historia*. Si bien se requiere de tiempo y disciplina para comprenderla (especialmente los libros complicados, como Levítico y Apocalipsis), vale la pena el esfuerzo. Si quieres entender mejor la Biblia, podrías considerar algunas de las series de libros de estudio bíblico que Broadman & Holman ofrece para los estudiantes.

4. Dios desea que tengamos amigos cristianos

David siempre fue mi personaje preferido en la Biblia. Siempre me asombró la manera en que un simple pastorcito pudo derrotar solo al poderoso gigante Goliat. Durante su vida, David gobernó el reino más poderoso del mundo. Y fue, entre todos los que han vivido, el único a quien Dios lo llamó «un varón conforme a su corazón». Sin embargo, a pesar de sus cualidades piadosas, David cometió graves faltas por las que tuvo que pagar un alto precio.

En vez de ir a la guerra para apoyar a sus tropas como todo rey haría, se quedó en Jerusalén durante un año. Una noche, mientras andaba por la terraza de la casa real, vio a una bella mujer que se bañaba, cuyo nombre era Betsabé. Éste fue un momento crucial para David. ¿Apartaría la mirada y haría lo correcto, o satisfaría sus deseos pecaminosos? David prefirió darse el gusto, y además mandó a sus siervos a buscarla y así poder acostarse con ella. Poco después se enteró de que Betsabé estaba embarazada. David entonces al tratar desesperadamente de encubrir su pecado, mintió y, por último, hizo asesinar a Urías, el esposo de Betsabé.

Con frecuencia me pregunto dónde estaban los amigos de David cuando tomó esta decisión. ¿Tuvo amigos cerca que lo animaran a hacer lo correcto o pensó que podría hacerlo solo? ¿Podría haberse evitado tanto dolor en su vida si hubiese tenido mejores amigos? La misma pregunta se aplica a ti: *¿Qué clase de amigos tienes?* ¿Pasas tiempo con gente que te alienta a ser la clase de persona que Dios desea que seas o con aquellos que te desaniman? Aunque podría no haber nada de malo en tener amigos que no sean cristianos, *todos* necesitamos del apoyo de amigos cristianos cercanos. En verdad, hay pocas personas en la vida que influirán más en tus decisiones que los amigos con quienes estás. Esto es lo que Pablo nos advierte: «No erréis; las malas conversaciones corrompen las buenas costumbres» (1 Cor. 15:33). En el mismo libro, Pablo afirma: «Os he escrito por carta, que no os juntéis con los fornicarios» (1 Cor. 5:9).

Los buenos amigos nos ayudan a no meternos en problemas y a vivir de una manera sabia y valiente. Proverbios 27:17 dice: «Hierro con hierro se aguza; y así el hombre aguza el rostro de su amigo». Las amistades nobles, arraigadas a la verdad bíblica, nos ayudan a transformarnos en el tipo de persona que Dios anhela que seamos. Por eso John R. R. Tolkien consideró que Sam era un personaje especial de la trilogía en *El señor de los anillos.* Tolkien se dio cuenta de que aquellos que lograban grandes cosas en la vida contaban con la fortaleza de un compañero fiel. Frodo nunca habría podido llevar a cabo su tarea sin la amistad perdurable de Sam. De manera similar, estaremos en desventaja cuando adoptemos hacer lo correcto sin contar con amigos que nos hagan responsables por nuestras decisiones.

Los miembros de Alcohólicos Anónimos comprenden el poder de la amistad y la responsabilidad mutua. Constituyen una comunidad de personas heridas, que a pesar de su condición común de adicción, decidieron no beber. Se contienen mutuamente, intercambian sus números telefónicos, tienen patrocinadores, oran. Pero sin el apoyo de la comunidad, no pueden tener éxito. Se fortalecen unos a otros para poder permanecer sobrios, una tarea que en soledad es imposible de lograr. No importa cuán fuertes creamos que somos, ninguno de nosotros sobrevivirá solo.

5. Limita el consumo de diversiones seculares

Pocas personas entienden de qué manera la música y las películas impactan en sus decisiones. En realidad, la mayoría piensa que es inmune a este tipo de influencia de los medios masivos de comunicación. Sin embargo, todos los estudios indican lo opuesto: *Las películas y la música influyen enormemente en lo que la gente piensa sobre el mundo y cómo actúa.*

Hace poco, la supremacía aria ha tenido una significante respuesta entre la juventud. ¿Cómo crees que atraen nuevos adeptos? Según Byron Calvert, el productor de una compañía de discos de «supremacía aria», se persuade a los estudiantes por medio de la música. «Los enganchamos con la música –comenta–. Los jóvenes se inclinan directamente por la música, y la letra es secundaria»[1]. Es una insidiosa forma de adoctrinar a los jóvenes en un estilo de vida. En otras palabras, los productores de música apresan a los jóvenes, como tú, por medio de la música.

Mientras que no todos los mensajes de los medios de comunicación son tan inminentes como los de la supremacía aria, tú aún estás bombardeado a diario por cientos de mentiras, en especial en el área de la sexualidad. Es sólo cuestión de tiempo antes de que estas mentiras comiencen a influir sobre la manera en la que piensas o actúas. Permíteme explicarte. ¿Sabías que uno de cada tres adolescentes que han tenido relaciones sexuales padece de una enfermedad de contagio sexual? Sin embargo, en todas las escenas de sexo casual que ves en los medios de comunicación, ¿cuántas veces viste que alguien haya contraído una enfermedad por contagio sexual? Sería inusual que te acordases de un caso. *Esta es la cuestión. Mientras que muchas personas sufren de traumas físicos y emocionales en la vida real, rara vez alguien en televisión paga las consecuencias.* La falta de relación entre las acciones y las consecuencias en televisión afecta la manera en que la mayoría de las personas ve el sexo en la vida real.

Mis estudiantes con frecuencia me dicen que la música y la televisión no afectan demasiado su conducta. Sin embargo, hay una pregunta sencilla que me gusta hacerles: Si no hay relación entre los anuncios publicitarios televisivos y las conductas de los espectadores, ¿por qué tantas empresas estadounidenses gastan billones de dólares cada año en publicidad que se verá sólo en las horas de mayor audiencia? Los publicistas entienden esta simple verdad: Lo que vemos con los ojos y escuchamos con los oídos afectan nuestras decisiones. Por eso Proverbios 4:25 nos advierte: «Tus ojos miren lo recto, y diríjanse tus párpados hacia lo que tienes delante». En otras palabras, no comprometas tus valores al escuchar música o ver películas que influirán en la toma de decisiones que te alejan de los deseos de Dios.

Conclusión

¿Cómo puedo ser una persona moral en una sociedad inmoral? La respuesta es simple. ¡Tú no puedes! Tratar de vivir una vida moral por tu cuenta es como intentar usar una linterna sin baterías o un aire acondicionado con un circuito que no funciona. Simplemente no se puede usar. Pero Dios nos ofrece otro modo: Por medio del poder del Espíritu Santo en la oración, el estudio de la Palabra de Dios y la aplicación a nuestra vida, rodeados de otros creyentes y poniéndole límites a nuestro consumo de los medios de comunicación seculares. Al utilizar estas herramientas en nuestra vida, podremos ser personas morales en una sociedad inmoral.

Revisión

1. ¿De qué manera Dios nos da poder por medio del Espíritu Santo?

_____

_____

_____

_____

_____

2. ¿Qué papel debe jugar la oración en nuestra vida?

_____

_____

_____

_____

_____

_____

3. ¿Por qué es importante la Biblia para tener una vida moral? ¿Qué hace que la Biblia sea única?

_____

_____

_____

_____

_____

4. ¿Por qué es tan importante que pasemos tiempo con otros creyentes?

_____

_____

_____

_____

_____

5. ¿Por qué debemos limitar el tiempo que dedicamos a mirar y escuchar los medios de comunicación seculares?

_____

_____

_____

_____

Pequeños grupos interactivos

1. ¿Cuál dirías tú que son los problemas más importantes a los que se enfrenta tu generación hoy? ¿Estás de acuerdo con lo que opinan los estudiantes entrevistados en todo el país al comienzo de este capítulo?

2. Si tú fueras Satanás, ¿qué cosas harías para evitar que la juventud de hoy viviera con decencia?

3. ¿Cuánto afecta la música y las películas la manera en que la juventud piensa y actúa? ¿Es posible que escuches música que exacerbe la sexualidad y la rebelión sin que esto influya en ti?

CAPÍTULO 3

¿Existe algo así como la verdad?

Propósito

Entender la naturaleza y la importancia de la verdad y aprender cómo defenderla de las objeciones populares.

En este capítulo aprenderás

- Por qué la verdad es tan importante para una vida exitosa y significativa
- Cómo entender y definir la verdad
- La diferencia entre la verdad subjetiva y objetiva y por qué esta distinción es tan decisiva para la toma de decisiones
- Cómo defender la realidad de la verdad contra las objeciones populares
- Que esa verdad fue hecha carne en la persona de Jesucristo

En el transcurso de la historia, las personas se han formulado la misma pregunta que Pilato le hizo a Jesús hace 2000 años: ¿Existe algo así como la verdad? Y si la verdad es real, ¿cómo podemos saberlo? ¿Cómo podemos estar seguros de que las verdades morales y éticas aún existen?

El relato de una pequeña niña nos demuestra de qué forma los jóvenes de hoy responderían a estas preguntas. La niña había llevado a su cachorro para una presentación en la escuela primaria, para que la clase lo disfrutara. Los compañeros se preguntaban cuál era el género del cachorro, pues ninguno de ellos sabía cómo determinarlo. Entonces la pequeña levantó la mano y dijo: «Yo sé cómo podemos saberlo: Votaremos».[1] Aunque podríamos sonreírnos de su respuesta infantil, esta niña nos demostró la perspectiva de la verdad que más comúnmente se usa en nuestra cultura: la mayoría manda. Cuando los absolutos desaparecen, las personas se sienten en libertad de crear su propia versión de la verdad.

El error de esta postura para considerar la verdad, como mi profesor del seminario James Porter Moreland observó, es que «aunque nos moleste, es indiferente» a lo que decidamos. La verdad no depende de mi decisión, tal como que haya un millón de dólares en mi billetera, y escapa a mi control. Si pudiéramos simplemente decidir la verdad, entonces decido ser el mejor jugador de básquet del mundo. Tú podrías disponer lograr excelentes notas en el informe de calificaciones (¿no sería grandioso?). Pero, es obvio, no podemos meramente determinar la verdad, porque la verdad es indiferente a lo que pensamos y creemos. Podemos elegir nuestras creencias, pero no podemos elegir la verdad. Por fortuna, nuestras creencias armonizarán con la realidad, pero no podremos obtener la verdad si decidimos determinar el género del cachorro por medio de una votación.

¿Por qué la verdad es importante?

El doctor Francis Beckwith, profesor de Filosofía en la Universidad Baylor, tenía en su clase de ética a un estudiante escéptico que le cuestionaba todo lo que decía. Siempre desafiaba sus conclusiones. Un día, con aire de arrogancia, le preguntó:

–Doctor Beckwith, ¿por qué la verdad es importante?

–Bien –le respondió astutamente, después de pensar por un momento–, ¿quieres la *verdadera* respuesta o la *falsa*?

Esta pregunta lo dejó callado porque se había dado cuenta de la profundidad que tenía su demanda al asumir que existía algo así como la verdad. En lo profundo de sus corazones, los jóvenes son conscientes de que la verdad es necesaria para fundamentar la vida. En realidad, no podemos ni siquiera vivir sin la verdad. Hay tres razones más que determinan por qué la verdad es tan importante:

1. *Sin la verdad vivimos en un mundo trágico*. Muchos de nosotros conocemos lo sucedido en el aciago evento de Donner Party. Un grupo de 87 personas marchó, en 1846, hacia el oeste con la esperanza de construir un futuro nuevo. Tomaron un atajo para ahorrar tiempo, pero el mapa tenía información *falsa*. Las feroces

tormentas de nieve atraparon al grupo durante meses, y se vio en la obligación de practicar el canibalismo para sobrevivir. Murieron 41 personas de las más horribles formas que se tiene conocimiento en la historia estadounidense. ¿Por qué se desencadenó tanta tragedia? Sencillamente porque no les dieron información *verdadera* acerca del viaje. Nosotros también estamos en un viaje donde tenemos la opción de seguir la verdad o experimentar la tragedia. Se perdieron muchas vidas, hubo demasiado perjuicio y ofensas debido a que la gente se apartó de la verdad. El apóstol Pablo nos cuenta que las personas murieron porque negaron la verdad (2 Tes. 2:8-10).

2. *La verdad es un compás en nuestra vida.* Los pilotos del avión de combate F-14 con frecuencia experimentan un fenómeno que se conoce como vértigo. Cuando esto sucede, se desorientan y no saben cuán rápido y alto van. Si se dejan llevar por sus emociones, sensaciones o memoria, pueden perder el control de la nave y estrellarse. Pero hay algo que *nunca* le mentirá al piloto: sus instrumentos. Éstos lo ayudarán a determinar su altitud y velocidad para que pueda controlar el aparato de un modo seguro. De manera similar, necesitamos un parámetro para tomar decisiones. Y este parámetro es la verdad, que como un compás nos ayuda a tomar decisiones sabias e informadas.

3. *La verdad acarrea consecuencias.* La fe cristiana, tanto como sus rivales, consta esencialmente de declaraciones sobre el mundo que son verdaderas o falsas. Además, en oposición a las declaraciones de la verdad que hace el mundo, con frecuencia tienen consecuencias extremadamente diferentes para la vida. Clive Staples Lewis lo expresó así: «Estamos llegando al punto donde las diferentes creencias sobre el universo nos dirigen a una conducta diferente. La religión comprende una serie de declaraciones sobre hechos, que son falsos o verdaderos. Si son verdaderos, se dará un conjunto de conclusiones acerca del rumbo de la humanidad; si son falsos, tendremos uno completamente diferente».[2] Tu punto de vista sobre las relaciones, el sexo, el dinero y el futuro de todos depende de tu perspectiva de la verdad.

¿Qué es la verdad?

Mientras que las personas hablan con frecuencia sobre la verdad, unas pocas pueden definirla. Sin embargo, si somos incapaces de precisar qué es la verdad, ¿cómo la reconoceremos al hallarla? ¿Cómo sabremos que no nos están engañando?

A la clásica definición de verdad, que virtualmente sostuvieron todos hasta el siglo XIX, se la conoce como *la teoría de la verdad como correspondencia*, y conlleva generalmente la idea de que la verdad es un asunto de proposición (creencia, pensamiento, declaración) referente a la realidad; algo es verdadero cuando la realidad es la manera en que una declaración representa lo que es.[3] En otras palabras, una declaración es verdadera si coincide con la manera en que el mundo es en realidad. La verdad es simple: Hay que relatarla como es.

Por ejemplo, si afirmo que en el estacionamiento de mi casa hay un vehículo Hummer H 2 rojo, esta declaración es verdadera o falsa (¡es imposible que *esté* y *no esté* allí al mismo tiempo!). Si en realidad hay un vehículo de esas características en el estacionamiento de mi casa, entonces dicha declaración es verdadera. Si no está, entonces, desafortunadamente es falsa. Una declaración es simplemente verdadera cuando concuerda con la realidad. La Biblia asume este punto de vista racional de la verdad. Aquí tienes tres ejemplos aleatorios de las Escrituras:

- Faraón quería entender en los hechos qué *significaba* ese sueño (Gén. 41).

- El noveno mandamiento de la Biblia nos advierte acerca del falso testimonio, que es un testimonio que no se *corresponde* con los hechos (Ex. 20:16).

- Jesús le hizo saber a Judas los hechos que se *correspondían* con el mundo verdadero, diciéndole que sería quien lo traicionaría (Mat. 26:23-25).

Este punto de vista de la verdad, como puedes ver, es la manera acostumbrada de aplicar la verdad cada día. Sabemos que las cosas son ciertas cuando se corresponden con la realidad y que son falsas cuando no se corresponden con la realidad. Pero lo que la mayoría de los cristianos no entiende es que muchas personas cambian esta definición de la verdad cuando comienzan a hablar sobre la moralidad. Adoptan subrepticiamente una definición diferente de la verdad y atrapan a muchos jóvenes desprevenidos. Para evitar esta trampa, es preciso entender las siguientes dos clases de verdades.

Dos clases de verdades

Las verdades subjetivas

Conocer la verdad nos permite tomar decisiones morales correctas. Pero no todas las decisiones de la vida tienen que ver con la moralidad. La mayoría de las decisiones que tomamos no tiene relación alguna con la moral. ¿Vamos a jugar a los bolos o a ver películas esta noche? ¿Prefiero dulces de chocolate rellenos de mantequilla de maní o un helado de crema con galletitas? ¿Me pondré una camisa verde o negra? Éstas son decisiones personales que se refieren al individuo. La respuesta a estas preguntas se consideraría una verdad *subjetiva*. La frase «el mejor sabor lo tiene el helado de chocolate» puede ser verdad para ti pero no para mí. Estos tipos de verdades se basan en la preferencia o los sentimientos, que pueden cambiar con facilidad.[4]

LAS VERDADES OBJETIVAS

Pero las decisiones morales no son subjetivas, como lo es elegir el sabor de un helado. Más bien, son como la insulina[5]. No importa si creo que el chocolate controlará la diabetes, porque la verdad es que no sucederá así. Para controlarla correctamente se necesita insulina. Y ésa es una verdad *objetiva,* a pesar de mis preferencias o sentimientos personales.

Las verdades objetivas, en contraposición con las preferencias subjetivas, se basan en el mundo exterior. Se relacionan con el mundo independientemente de cómo pensamos o sentimos. Por ejemplo, las afirmaciones: 1 + 2 = 3, George Washington fue el primer presidente de los Estados Unidos y Sacramento es la capital de California son todas verdades objetivas.

De manera similar, las decisiones morales son determinaciones entre lo que objetivamente está bien y lo que está mal. Por eso es que podemos sentirnos culpables cuando tomamos decisiones morales equivocadas, pero no sentimos esto en el caso de otro tipo de decisiones. Podríamos *lamentarnos* cuando nos damos cuenta de que nuestra camisa verde habría lucido mejor que la negra, pero la lamentación es diferente a la culpa.

Imagínate por un momento lo que sucedería si la moralidad fuera subjetiva (por ejemplo, una cuestión de gusto) en lugar de objetiva. Si esto fuera verdad, ¿cómo podríamos condenar la muerte o la violación, si serían el resultado de una preferencia personal como elegir el gusto de un helado? Si la moralidad fuera subjetiva, entonces no habría una diferencia verdadera entre un padre que se preocupa y cuida a sus hijos y otro que los acosa. Cada padre tomó una decisión personal, y esa opción fue «verdadera» para él.

LA POSTURA PERSONAL DE LA VERDAD

En un sentido, las decisiones morales son personales porque cada uno de nosotros debe tomarlas, y somos personalmente responsables por nuestras acciones. Pero son *más* que personales porque su intrínseca rectitud o equivocación no depende de nuestra elección individual. Las decisiones morales son personales de la misma manera que lo es cuando haces un examen de ciencias: *Tú* haces el examen y *tú* obtienes una calificación individual. Hay una respuesta acertada para cada pregunta del examen de ciencia, y la puedes responder bien o mal. Pero tu mera elección no hace que la respuesta sea adecuada; la respuesta correcta existe, independientemente de tu elección.

Por supuesto que tomar decisiones morales en la vida real es diferente a hacerlo en un examen. En la clase tienes un cuadernillo con el examen, pero en los dilemas morales de la vida real tienes el mundo frente a ti. Hay decisiones morales correctas e incorrectas. La moralidad trata con el mundo verdadero y objetivo. Por eso la moralidad sobre el aborto no es una cuestión de preferencia como elegir el sabor de un helado. Más bien es una cuestión objetiva del mundo verdadero. La homosexualidad no es una cuestión de preferencia sexual, sino que es un asunto sobre lo que está bien o mal en el aspecto sexual (hablaremos de esto en detalle en el capítulo 8).

La verdad absoluta

Cuando mi cuñado tenía catorce años comenzó a crecer de manera descomunal. Parecía que cada dos semanas pasaba a alguien de la familia. Estaba ansioso por demostrar que era más alto que yo y no tuvimos que esperar tanto. Por supuesto, como yo era el «hermano» mayor, tenía que tratar de hacer todo lo posible para evitar que esto sucediera. Como era difícil juzgar a simple vista, necesitábamos un parámetro externo. Nos descalzamos y usamos una regla. Me mortifiqué porque ¡ya me había pasado un poco! Media 1,94 m ¡y era el más alto de la familia!

Sin un parámetro terminante nunca habríamos podido resolver el dilema de aquel día. Necesitábamos una norma para determinar la verdad. Si nos detenemos y reflexionamos por un momento nos daremos cuenta de que nuestra entera existencia depende de parámetros o normas. Tenemos parámetros para medir los talles de los zapatos, las distancias a otra ciudad, la temperatura del agua y la puntuación en las competencias deportivas. Sin parámetros el mundo sería un caos. Los parámetros son tan importantes que no podemos funcionar sin ellos. Sólo imagínate por un momento lo que la vida sería si no tuviéramos parámetros.

- ¿Cómo sabrías qué clase de combustible necesita tu vehículo?
- ¿Cómo sabrías qué talle de pantalones comprar?
- ¿Cómo sabrías cuánto cuesta un videojuego nuevo?

- ¿Cómo sabrías, sin tener un parámetro de tiempo, cuándo se termina la jornada escolar?

Una sociedad sin parámetros es una sociedad en desorden. Si la gente manejara por cualquier carril que quisiera o tan rápido como lo deseara, la sociedad estaría fuera de control. Si no hubiera parámetros de medida para los comercios, sería casi imposible que existieran los negocios honestos. Para que la sociedad pueda prosperar, debe haber parámetros comunes de medidas y conductas. Mientras que los parámetros que establece nuestro gobierno (tal como el precio del combustible, las leyes del tránsito y ciertas políticas monetarias) tienen un impacto en la sociedad, estos estándares son meramente *condicionales*. Si las autoridades que regulan estas normas decidieran cambiarlos, cuentan con la autoridad para hacerlo.

Sin embargo, rara vez reflexionamos lo suficiente como para darnos cuenta de que nuestros parámetros condicionales apuntan a uno que va más allá de nuestro control: un parámetro *absoluto*. Por ejemplo, hemos decidido medir el tiempo en segundos, minutos, horas, días, años, etc. Pero, más allá de nuestras medidas, hay un parámetro que está fuera de nuestro control. Por ejemplo, ¿podemos controlar la duración de un día o la rotación de la Tierra alrededor de la órbita solar? ¡Por supuesto que no! No podemos controlar estos factores porque van más allá del control humano, son parte de un parámetro fuera de la jurisdicción humana.

De manera similar, podemos medir las distancias en pulgadas y millas o centímetros y kilómetros. ¿Pero es posible modificar la distancia entre la Tierra y la Luna o la del Sol a los confines del universo? Podemos usar las medidas que los hombres crearon para determinar la distancia, pero debemos admitir que existen distancias que están fuera de nuestro alcance. Los parámetros de distancias, al igual que muchos otros parámetros, nos apuntan hacia un parámetro mayor –un parámetro absoluto– más allá de nuestro control.

MÁS ALLÁ DE NOSOTROS

Tal como los parámetros que recién mencioné, la verdad absoluta también está más allá de nuestro control. Mis padres me exigían que estuviera de regreso en casa a las once de la noche, pero eso regía para mí en mi familia; no era una verdad absoluta. *La verdad absoluta*, por otra parte, *es verdadera para todas las personas en todo tiempo y lugar.* Es objetiva, universal y constante. La verdad absoluta es real y sólida, ya sea que decidamos creer en ella o no, de la misma manera en que la luna es real aunque no la veamos en una noche nublada.

La verdad absoluta es verdadera, ya sea que alguien crea en ella o no. La verdad absoluta es verdadera, ya sea que alguien la siga o no. La verdad absoluta es verdadera, ya sea que se haya descubierto o no. La verdad absoluta es verdadera, ya sea que «funcione» de la manera que anhelamos o no.

La verdad absoluta es verdadera, ya sea que estemos de acuerdo o no.

Un parámetro moral absoluto

Los parámetros que hemos visto apuntan a uno superior, uno más allá del control humano, una verdad absoluta. Esta misma intuición que nos lleva a tener parámetros en el mundo físico también existe en el mundo moral. Todos saben de manera natural que hay ciertas cosas que son moralmente incorrectas. El sentido común nos dice que hay absolutos morales más allá de nosotros. Aun hasta las personas que declaran no creer en Dios saben que hay ciertas cosas que están bien y otras que están mal.

Pregúntale esto a cualquiera: Si 20 jóvenes deciden violar a una niña discapacitada, ¿te parece que estaría bien? ¿La cantidad de personas comprendida haría que esto estuviese bien? Si la sociedad dijera que está bien, ¿lo haría aceptable? ¡Por supuesto que no! Todos saben interiormente que está mal. Sabemos que es incorrecto debido a la naturaleza de la violación y no porque nuestra cultura o sociedad lo diga.

Sabemos que torturar bebés está mal. Sabemos que la honestidad es lo correcto. Sabemos que el terrorismo está mal. Sabemos que la generosidad es lo correcto. Sabemos que robar está mal. Sabemos que ser valiente es lo correcto. ¿Cómo sabemos realmente estas cosas? En Romanos 2:12-15, Pablo nos dice que Dios pone leyes morales en nuestro corazón. Las personas saben que la moralidad es verdadera porque son seres morales. Clive Staples Lewis lo expresó así: «Siempre que te encuentres con un hombre que dice que no cree en el bien o el mal absoluto, verás cómo tiempo después reflexiona al respecto. Puede no cumplir con lo que te ha prometido, pero si tú no cumples con él, te lo recriminará de inmediato con un "no es justo". Parecería entonces que estamos forzados a creer en el bien y el mal auténticos. Las personas algunas veces lo malinterpretan, como podrían malinterpretar las sumas; pero no se trata de una cuestión de mero gusto y opinión sino de absolutos, tal como la tabla de multiplicación».[6]

De la misma manera que Dios es la fuente de las normas físicas del universo, Él también es la fuente de las normas morales. De la misma forma que la gravedad es inherente a la naturaleza de la materia, la ley del amor es inherente a la naturaleza del hombre. El filósofo Peter Kreeft lo expresa de esta manera: «La ley de la gravedad es verdad porque ésa es la *naturaleza* de la materia. La ley del amor es verdad porque ésa es la *naturaleza* del hombre: El hombre fue *creado* para amar, de la misma manera que la materia fue creada para atraer».[7]

Ésta es una aplicación práctica poderosísima para defender las verdades morales. Los cristianos no necesitan apelar exclusivamente a la Biblia como la base para la crítica de pecados públicos como el aborto y la pornografía. Éstos son pecados contra Dios y también contra la naturaleza del hombre y la ley natural. Por lo tanto, podemos convocar a todas las personas de buena voluntad (sin tener en cuenta su convicción religiosa) para defender los derechos del que aún no ha nacido y proteger la santidad del matrimonio. No queremos que se nos vea como que «imponemos nuestros valores religiosos» en los demás, sino que argumentamos de manera persuasiva y con amor a favor de las verdades morales comunes.

La persona de verdad

Cuando Pilato, hace casi 20 siglos atrás, interrogó a Jesús sobre la verdad, no se dio cuenta de algo importante: La verdad estaba frente a él. Jesús dijo: «Yo soy el camino, y la verdad, y la vida» (Juan 14:6). Pilato no sólo debatía sobre la verdad en su palacio de Jerusalén aquel día, ¡sino que literalmente la veía con sus propios ojos! ¡La verdad estaba frente a él, de carne y hueso! Jesucristo «fue hecho carne, y habitó entre nosotros (y vimos su gloria, gloria como del unigénito del Padre), lleno de gracia y de verdad» (Juan 1:14).

La verdad es mucho más que un hecho o concepto abstracto: es ineludiblemente *relacional*. La verdad puede hallarse en la persona de Jesús de Nazaret. Como verás en el próximo capítulo, es la misma naturaleza y persona de Dios la que define la verdad. No es algo que Él tuviese que demostrar. Ni algo que manifestar. No es una decisión arbitraria que toma. Es algo que Él, en esencia, *es*.

No podemos separar el concepto sobre la verdad de la persona que es la verdad: Jesucristo. Por eso Jesús le dijo a Pedro: «Sígueme» (Juan 21:19). En lugar de decirle a Pedro que siguiera ciertas reglas, obedeciera ciertos mandatos o viviera de acuerdo con ciertas enseñanzas, ¡la última instrucción para Pedro fue «Sígueme»! Jesús sabía que Pedro podía entender plenamente lo que significaba conocer la verdad si él era el primero en estar dispuesto a seguir a Jesús con todo el corazón. A menos que entendamos y vivamos la verdad en el contexto de una relación personal con Dios, terminaremos en el legalismo. Las reglas y los mandatos bíblicos no deberían ser más vistos como meras instrucciones a seguir, sino como el medio para profundizar la relación con una persona viviente. Si buscamos la verdad, debemos buscar a Jesús, porque Jesús es la encarnación de la verdad.

Entender que Jesucristo es la personificación absoluta de la verdad significa que:

- *La verdad objetiva no puede crearse subjetivamente:* la verdad es y proviene de la persona absoluta y objetiva que es Cristo. Tal como lo afirmó Juan: «Pues la ley por medio de Moisés fue dada, pero la gracia y la verdad vinieron por medio de Jesucristo» (Juan 1:17).

- *La verdad objetiva no puede ser relativa* ni varía de persona en persona, de comunidad en comunidad, porque Jesús es la encarnación de Dios «en el cual no hay mudanza, ni sombra de variación» (Sant. 1:17). Tal como lo describe el libro de Hebreos: «Jesucristo es el mismo ayer, y hoy, y por los siglos» (Heb. 13:8).

- *Toda verdad no puede ser igual,* porque Jesús no afirmó ser «una» verdad igual a las demás. Su declaración fue exclusiva; declaró ser la única verdad y el único camino a Dios. «Yo soy el camino, y la verdad, y la vida; nadie viene al Padre, sino por mí» (Juan 14:6). Éstas no son las palabras de «uno del montón», alguien que es igual a todos los demás; aquéllas son las palabras de uno que no tiene igual.

Respuesta a las objeciones

«No existe la verdad». El problema con esta oración es que *se contradice sola.* En otras palabras, la oración rebate en sí misma su propia existencia. Permíteme explicarte. Pablo, al inicio de su carta a Tito, que ministra a la gente en Creta, le da algunos consejos. Tito se enfrenta con algunas ideas antagónicas. Pablo cita a Epiménides, un cretense. Pablo le dice a Tito: «Uno de ellos, su propio profeta, dijo: Los cretenses, siempre mentirosos, malas bestias, glotones ociosos» (Tito 1:12). Cualquier lector astuto de la Biblia podría captar la ironía de esta afirmación. Si *todos* los cretenses fueran unos mentirosos, ¿cómo podría confiarse realmente en Epiménides?[8] Sería como si yo, un californiano, dijese: «No puedes confiar en nadie de California».

Las afirmaciones «los cretenses son siempre mentirosos» y «no existe la verdad» tienen el mismo defecto: ambas declaraciones se contradicen. La afirmación «no hay verdad» especifica, al menos, una cosa, que «no hay verdad». Sin embargo, se contradice en sí misma al afirmar que no existe la verdad. Acá tienes algunos ejemplos de afirmaciones contradictorias:

- No hay oraciones de más de cinco palabras (¡acabas de leer una!)
- No existe tal cosa como la verdad absoluta (¿es esto absolutamente cierto?)
- No podemos estar seguros de nada (¿estás seguro de eso?)
- Nunca menciones la palabra «nunca» (demasiado tarde, ¡ya la dijiste!)

Estas cuatro afirmaciones, tal como la frase «no hay verdad», se refutan en sí mismas. Se desautorizan solas al contradecir su propio criterio sobre la verdad. No hay manera de evadirlo: la verdad existe.

«Pero la ciencia no puede comprobar las verdades morales». Es verdad que la moralidad no puede demostrarse a través de un método científico. ¿Y qué? Hay muchas verdades, históricas, relacionales o referentes al conocimiento de uno mismo, que tampoco pueden comprobarse científicamente. Por ejemplo, que George Washington fue el primer presidente de los Estados Unidos no puede determinarse por medio de una investigación científica, pero podemos asegurar completamente la veracidad de este hecho. Aunque las verdades morales no se perciben a través de los sentidos, nuestra conciencia sí los percibe. Aunque no podamos comprobar científicamente que torturar a los bebés está mal o que es mejor amar que odiar, afirmamos que esto es verídico.

«Podría ser cierto para ti pero no para mí». Aunque ésta es una frase que se usa comúnmente, deberíamos preguntarnos: ¿Puede la verdad existir sólo para las personas que creen en ella? ¿Puede ser una cosa verdad para una persona pero no para otra? Detrás de esta frase yace una arraigada confusión entre los conceptos de *verdad* y *creencia*. Es obvio que cada uno tiene derecho a tener sus propias creencias (al menos en los Estados Unidos, la tierra de los libres), pero ¿significa esto que cada uno de nosotros tenga sus respectivas verdades? La verdad objetiva, tal como lo expusimos antes, es independiente de nuestras creencias. Pero, por otra parte, las creencias son algo en esencia personal. Por lo tanto, cuando consideramos la naturaleza de la verdad no tiene sentido decir que algo es cierto para ti pero no para mí. Nos ayudará una breve ilustración.

Imagínate que tu amigo y tú encuentran una manzana verde sobre la mesa. Tu amigo cree que dentro está podrida y llena de gusanos. Pero tú, que está fresca y sin gusanos. ¿Lo que creen de la manzana da lugar a dos verdades diferentes que cada uno de ustedes lo experimenta como realidad? La única manera de resolver el dilema es cortar la manzana y verla por dentro. Entonces podrán descubrir la verdad sobre la manzana, y si tiene gusanos o no. En el momento en que se corte la manzana se revelará la verdad y expondrán las falsas creencias. La verdad sobre la manzana existe, independientemente de lo que tú o tu amigo crean.[9]

«Puedo generar mi propia verdad». Podemos crear reglas como la de conducir del lado derecho del camino. La sociedad podría haber creado fácilmente que la regla fuese manejar del lado izquierdo. Pero nosotros no inventamos la verdad ni la moralidad, como tampoco inventamos la duración del día. No podemos hacer que mentir sea correcto ni que asesinar sea bueno. No tenemos la libertad para crear nuestros propios valores ni tampoco de crear nuestras propias verdades. Tenemos la libertad de aceptar o rechazar la verdad, de la misma manera que tenemos la libertad de obedecer o desobedecer las leyes. De manera similar, no inventamos la ley de la gravedad, pero podemos dejar de tenerla en cuenta y arrojarnos desde un edificio con la creencia de que podemos volar. Sin embargo, nuestra mera ignorancia de la verdad no hace que ésta cambie. No *creamos* la verdad, la *descubrimos*.

«La sinceridad es más importante que la verdad». Con frecuencia escuchamos decir: «No importa lo *que* las personas creen sino cuán sinceras son en sus creencias». La gente de todas las religiones demuestra el mismo celo que el mejor de los cristianos. Entonces, nosotros como cristianos ¿cómo podemos criticar tal compromiso? ¿No debería la sinceridad contar para algo? Es importante recordar que la sinceridad es *necesaria* para la salvación pero no es *suficiente*. Si el argumento de que «no importa lo que la gente crea en tanto sea sincera» fuera verdad, entonces la sinceridad de los terroristas que atacaron el 11 de septiembre o de Unabomber sería admirable. Pero todos sabemos que sus acciones, a pesar de su sinceridad, fueron fatalmente agraviantes. Hasta a Jesús lo crucificaron sinceros líderes religiosos. Aunque la sinceridad es fundamental para creer, no puede disociarse de la verdad.

«Lo que funciona es la verdad». Muchos jóvenes afirman que «si funciona para ti, entonces es tan cierto como necesita serlo. Nadie tiene derecho a juzgarte o cuestionar lo que has elegido como verdadero para ti». Mientras que éste es un punto de vista popular en estos días, presenta dos problemas significativos Primero, algunas verdades no «funcionan». Por ejemplo: La aseveración que dice que no existe un número primo mayor no tiene uso práctico, pero es cierta. Segundo, algunas falsedades podrían en realidad «funcionar» favoreciéndonos. Tal como: «El perro me comió la tarea». A pesar de que la verdad funcione (tal como Dios lo quiere), lo que funciona no siempre es verdad.

«*La verdad varía con el tiempo*». Una de las maneras más comunes de atacar la verdad es cuando se afirma que cambia con el tiempo. Lo que es verdad para la gente hoy no lo fue para la gente en el pasado. Es obvio que lo que ahora es verdad no lo fue en el pasado, y lo que ahora es verdad puede dejar de serlo en el futuro. Pero si seguimos esta línea de pensamiento, la verdad rápidamente pierde su importancia práctica.

Es inevitable utilizar, para defender este punto de vista, el dilema de la tierra plana frente a la tierra redonda. Una vez, una niña me comentó: «La gente creía que la tierra era plana, pero ahora cree que es redonda. Ves, la verdad cambia». Lo que esta pequeña no entendió, tal como nos hemos dado cuenta, es la diferencia entre *creencia* y *verdad*. Aunque la gente creyó en su momento que la tierra era plana, el sentido común nos dice que *siempre* ha sido redonda, a pesar de las creencias cambiantes. Mientras que las creencias pueden variar, la verdad es invariable.

Conclusión

La verdad, tal como la hemos visto, es importante en cada aspecto de nuestra vida. La vida sin la verdad es una vida de tragedia. Pero cuando conocemos la verdad, estamos equipados para tomar decisiones sabias y prosperar como seres humanos. Mientras que la verdad sucede cuando nuestras creencias son acordes con la realidad, la verdad es también mucho más que eso. La verdad se hizo carne 2000 años atrás en la persona de Jesucristo. Las reglas y los mandatos bíblicos no son simples instrucciones para obedecer, sino maneras de profundizar más nuestra relación con Él. Cuando experimentamos de manera personal la verdad de Jesucristo, tendremos las fuerzas para experimentar una vida plena y significativa.

Revisión

1. Menciona tres fundamentos para avalar que la verdad es importante.

(a) _____

_____

(b) _____

_____

(c) _____

_____

_____

2. Define la verdad y da un ejemplo sobre cómo esta definición se aplica a la Biblia.

_____

_____

_____

_____

_____

3. Explica las diferencias entre la verdad subjetiva y objetiva.

_____

_____

_____

_____

4. ¿Las siguientes oraciones expresan *verdades objetivas* o *verdades subjetivas*? ¿Cómo lo sabes?
- El equipo de Los Ángeles Lakers es el más entretenido para ver en la NBA. _____
- Las gaseosas dietéticas tienen menos calorías que las comunes._____
- Sacramento es la capital de California. _____
- El rosa es más hermoso que el rojo. _____
- El aborto es inmoral. _____
- Jake Burnett juega para los Jackson City Boilers. _____
- Las morenas son más atractivas que las rubias. _____
- La homosexualidad es inmoral. _____

5. ¿Qué es la verdad absoluta? ¿Cómo sabemos que la verdad absoluta es auténtica? _____

_____

_____

_____

6. ¿Cómo podemos saber que las verdades morales son auténticas?

_____

_____

_____

_____

_____

_____

7. ¿En qué falló Pilato cuando le preguntó a Jesús sobre la naturaleza de la verdad? ¿Qué consecuencias tiene esta verdad para nosotros hoy?

_____

_____

_____

_____

_____

_____

8. Responde las siguientes objeciones:

«No existe la verdad». _____

_____

«La ciencia no puede comprobar las verdades morales». _____

_____

«Podría ser cierto para ti pero no para mí». _____

_____

«Puedo generar mi propia verdad». _____

_____

«La sinceridad es más importante que la verdad». _____

_____

«Lo que funciona es la verdad». _____

_____

«La verdad varía con el paso del tiempo». _____

_____

_____

Pequeños grupos interactivos

1. ¿Puedes dar algunos otros fundamentos que avalen por qué la verdad es importante? ¿Alguna vez te viste perjudicado por alguien que no dijo la verdad? ¿Alguna vez tuviste que enfrentarte con las consecuencias de ignorar la verdad?

2. ¿Qué sería del mundo si no hubiese parámetros de medidas? ¿Qué sería del mundo si no hubiese normas morales para el bien y el mal?

3. ¿Es mejor enfrentar la verdad o negarla? ¿Crees que las personas aceptan o rechazan la verdad? Defiende tu postura.

CAPÍTULO 4

¿Quién eres tú para juzgar?

Propósito

Entender y evaluar el relativismo moral y ver por qué la existencia de Dios es el único fundamento adecuado para emitir juicios morales

En este capítulo aprenderás

- La diferencia entre relativismo moral y absolutismo ético
- Cómo reconocer las tres grandes fallas del relativismo
- Que la existencia de Dios provee la única base firme para la moralidad
- Cinco razones de por qué podemos confiar en la existencia de Dios
- Que la Biblia instruye a los seguidores de Jesús a juzgar
- Estrategias que determinan la manera en que los cristianos debemos responder en medio de una cultura de tolerancia y sin moral

Al comienzo de la película *Matrix*, robots de inteligencia artificial engañan a la raza humana. Los robots recogen los cuerpos de los humanos para obtener energía y controlar las mentes a través de una simulación mental conocida como *Matrix*. Así, engañan a los humanos al creer que su percepción del mundo es real. De hecho, no tienen idea de que su mundo entero es una mentira. Pero un pequeño grupo de humanos rebeldes logra escapar de la falsa realidad del *Matrix* e intenta «liberar las mentes» del resto de la raza humana. Neo (papel que desempeña Keanu Reeves) tiene la oportunidad de escapar del *Matrix* al conocer la verdad. Duda al confrontar la realidad porque todo lo familiar es la realidad del *Matrix*. Sin embargo, hay un anhelo dentro de Neo que lo impulsa hacia la verdad. Una vez que finalmente toma la decisión de liberarse, mira hacia atrás con asombro al mundo que le habían impuesto.

De manera similar, hay un mundo que te ha sido impuesto: el mundo del relativismo moral. Esta visión del mundo ha moldeado por completo tu generación y aún muchos de ustedes no se dan cuenta. Permíteme explicarte.

No hace demasiado tiempo di una charla en una reunión juvenil sobre el tema de la sexualidad. En el medio de la disertación, una muchacha interrumpió y retumbó la frase que tanto oigo de los jóvenes hoy en día: «¿Quién es usted para juzgar?» En otras palabras, expresaba que yo no tenía derecho a emitir juicios morales porque todos los puntos de vista valen por igual. Esta joven, como el resto de tu generación, ha crecido en una cultura de relativismo moral que se enorgullece de aceptar que hay muchas verdades. Te enseñaron a ser tolerante con todas las creencias, sin juzgar, sin ser crítico, y a pensar que ningún camino es mejor que otro. De hecho, cuando proclamas tener *la verdad*, te catalogan como arrogante, fanático y censurador. Fue muy molesto para esta jovencita que yo tuviera la audacia de formular un juicio moral acerca del sexo.

Debido a que el relativismo moral está tan metido en los medios masivos de comunicación y en el sistema educativo, muchos de ustedes ni siquiera reconocerán cuánto esta falsa perspectiva se ha infiltrado en la manera de pensar. El profesor Allen Bloom, autor de *The Closing of the American Mind* [El cierre de la mente americana], lo expresó así: «Hay sólo una cosa que un profesor puede dar absolutamente por cierto: Casi todos los alumnos que ingresan a la universidad creen o dicen creer que la verdad es relativa. Los estudiantes, por supuesto, no pueden defender su opinión. Es algo en lo cual los han *adoctrinado*».[1]

Como la lucha en *Matrix*, en el mundo actual hay una batalla furiosa. Pero esta batalla no es entre robots y humanos; es entre aquellos que sostienen el relativismo moral y aquellos que creen en una verdad absoluta. Si estás dispuesto a abrir tus ojos y aceptar la realidad, verás que se desarrolla una lucha por las almas de tu generación. ¿Ansías la verdad?

Verdad contra relativismo

Imagina una colisión de varios vehículos en una esquina principal cerca de la escuela a la que asistes. Inmediatamente después del accidente todos corren hacia la intersección y comentan su punto de vista de lo sucedido. Uno dice: «¡Te me adelantaste!» Otro dirá: «¡Yo tenía derecho de paso!» Y un tercero gritará: «¡No saben que la luz roja es para PARAR!» Hasta los peatones que observaron el accidente desde la vereda darán su parecer sobre los hechos. Luego, tal vez, alguien finalmente confiese: «Fue mi culpa. Intenté apagar la radio y perdí el control del vehículo».

A pesar de todos los argumentos posteriores al hecho, una cosa está clara: Hubo un accidente. Y en algún momento, se conocerá la verdad. Creemos que hay una verdad objetiva sobre el accidente. Finalmente, surgirá una descripción de lo sucedido acorde con la realidad.[2] De la misma manera, nosotros vivimos nuestra vida como si la verdad objetiva fuera real, como si pudiéramos tan sólo descubrirla. Cuando tomamos decisiones, consideramos los hechos y revisamos la evidencia. Hacemos lo mejor posible para llegar a la verdad, y luego nos manejamos de acuerdo con ella.

Ingresa ahora el relativista. Para el relativista no hay verdades que se apliquen a toda persona, todo lugar y todos los tiempos. Argumenta que como todos tienen distintos puntos de vista, la verdad de la escena del accidente no puede determinarse. ¡Y algunos hasta argumentarían que no podemos estar seguros de si realmente hubo un accidente!

Al observar el mundo, el relativista llega a una simple conclusión: Hay *demasiado desacuerdo sobre demasiadas cosas como para que la verdad sea absoluta*. Puesto que las personas están, con tanta vehemencia, en desacuerdo sobre temas como la ética, la política y la religión, ¿no es algo arrogante decir que una perspectiva es correcta y *todas* las demás son falsas? Aunque parece haber una inclinación intuitiva hacia el relativismo moral, la mayoría no se da cuenta de las desagradables consecuencias que acarrea aceptar el relativismo como base para la moralidad.

La mayoría de los jóvenes que dicen que no debemos juzgar no llega a comprender en toda su magnitud el alcance de su verdadera negación. Cuando perdemos la habilidad de hacer juicios morales, ya no es posible distinguir entre las acciones de la Madre Teresa de Calcuta y Hitler. ¿Cómo podemos decir que torturar a los niños está bien o mal? ¿Cómo podemos distinguir entre el bien y el mal? Cuando los jóvenes abandonan su derecho a hacer juicios morales ceden mucho más territorio de lo que habían imaginado. Esto comenzó a ser evidente para mí durante una conversación que tuve con mi padre hace varios años.

Cuando era estudiante de último año de secundaria, mis padres me llevaron a ver la película *Schindler's List* [La lista de Schindler], de Steven Spielberg. Al retirarnos del cine nos rodeaba un público muy serio, y muchos comentaban sobre las atrocidades que habían sufrido los judíos a causa de los nazis. La gente hablaba sobre cuán malvados habían sido los nazis al tratar a otros seres humanos con tanta indignidad. De repente, mi padre se dirigió a mí y me preguntó:

–¿Crees que el holocausto estuvo mal, moralmente mal?

–Sí, por supuesto –respondí con rapidez.

–Casi todos los que salen del cine –continuó mi papá– dirán que el holocausto fue algo malo. ¿Pero qué bases tienen para emitir tal juicio? ¿Podrían decir *por qué* fue algo malo? ¿Podrías tú decir *por qué* fue algo malo?

Aunque lo intenté, no tuve la respuesta. Sabía que la Biblia decía que matar era algo malo, pero no entendía el *porqué*. Me preguntaba: *¿Quién soy yo para juzgar las acciones de otra cultura en otros tiempos?*

Mientras nos dirigíamos hacia un restaurante, mi padre empezó a compartir conmigo algunas enseñanzas que nunca olvidaré.

–En los Estados Unidos, la mayoría de las personas tiene una perspectiva de moralidad llamada «relativismo cultural» –me dijo–. En otras palabras, creen que lo que es aceptable en esa cultura es moralmente correcto; si la mayoría de las personas en dicha cultura dice que está bien, entonces está bien. Por eso –continuó mi padre mientras yo le daba una mordida a mi hamburguesa con queso– los estadounidenses dirán que el aborto es correcto, porque la mayoría en el Congreso y en la Corte Suprema lo ha aceptado. Si la mayoría piensa que algo está bien, debe estar bien ¿cierto? Pero hay un problema –me explicó–. Si eso fuera cierto, ¿entonces cómo podemos decir que el asesinato de más de seis millones de judíos en el holocausto fue incorrecto? De hecho, los nazis lo afirmaron así en defensa propia en los juicios de Nuremberg. Argumentaron: «¿Cómo pueden venir de otra cultura y condenar lo que nosotros hicimos cuando nuestra cultura dijo que era aceptable?» Al condenar el nazismo, el mundo dijo que había algo que trascendía la cultura que determinaba lo correcto y lo incorrecto.

Mi padre me impartió una importantísima enseñanza: *Si de verdad todos los valores son relativos a cada cultura, entonces el tribunal mundial no tenía derecho a juzgar a los nazis.* Ésta es una gran falla del relativismo moral. A los nazis no se los juzgó por leyes estadounidenses ni europeas, sino por leyes naturales, por leyes universales. El juicio dio por hecho que realmente existe una ley moral universal, objetiva y constante. Como veremos, sólo la existencia de Dios puede avalar la existencia de tal ley universal y absoluta.

La imposibilidad de vivir como un relativista

¡NO PUEDE ROBAR MI ESTÉREO!

Una tarde, mi ex profesor James P. Moreland compartió el evangelio con un estudiante en la Universidad de Vermont. El estudiante empezó a propugnar el relativismo moral. Dijo: «Lo que sea que es verdad para usted, está bien para usted; y lo que sea que es verdad para mí, está bien para mí. Si algo funciona para usted porque así lo cree, entonces magnífico. Pero nadie debería forzar su punto de vista en otros porque todo es relativo».[3]

James P. Moreland sabía que si dejaba que el estudiante siguiera con su relativismo moral, nunca entendería la naturaleza del pecado, que va en contra del objetivo moral de los mandatos de Dios. Y si para él no podía haber tal cosa como el pecado verdadero y objetivo, visto a la luz del objetivo moral de los mandatos de Dios, ¿para qué necesitaría un Salvador? Entonces el profesor le agradeció al estudiante por su tiempo y salió del aula. Pero en el camino hacia la salida tomó el estéreo del estudiante y se lo llevó.

—¡Oiga! ¿Qué hace? —le gritó.

—¿Te ocurre algo? —respondió Moreland—. ¿Tienes problemas en la vista? Me voy con tu estéreo.

—¡No puede hacer eso! —le espetó.

—Bueno, como hago gimnasia y corro con regularidad, creo que podría hacerlo sin ayuda. Pero tal vez lo que quisiste decir fue: «No *debería* hacer eso porque se roba mi estéreo». Por supuesto, sé que según lo que hemos conversado, eso no es lo que quisiste decir. Pienso que es permisible robar estéreos si ayuda a una persona en sus devocionales religiosos, y yo mismo podría usarlo para escuchar música cristiana durante mis devocionales matutinos. Nunca intentaría forzarte a aceptar mis creencias morales porque, tal como dijiste, todo es relativo y no deberíamos forzar a otros a pensar como nosotros. Por supuesto que no vas a forzarme a pensar que está mal robar tu estéreo, ¿verdad?

El estudiante rápidamente se dio cuenta de la inconsistencia de su manera de pensar. Si «todo es relativo», no tenía fundamentos para detener al profesor por robarle su estéreo.

¡Todas las mujeres de la clase desaprueban!

El profesor Peter Kreeft tenía una clase entera que decía que toda moralidad era relativa, y que él no tenía derecho a imponerles sus valores absolutistas. Entonces les respondió:

–Muy bien. Dictaremos la clase según las valores de ustedes y no según los míos. No hay absolutos. Los valores morales son subjetivos y relativos. Y mi conjunto de valores morales subjetivos incluye éste en particular: ¡Todas las mujeres en mi clase desaprueban!

–¡Eso es injusto! –protestaron los estudiantes.

–Sí, es injusto –asintió Kreeft–. ¿Pero qué quieren decir con «justo»? Si lo justo o la justicia lo constituyen sólo *mis* valores y no *sus* valores, entonces no hay ninguna autoridad universal por encima de todos nosotros. Yo no tengo derecho a imponer *mis* valores sobre ustedes, y ustedes no tienen derecho a imponer los suyos sobre mí. Pero si hay un valor universal, objetivo y absoluto llamado justicia, o equidad, entonces debe ser el mismo para ambas partes, y diría que soy injusto al declarar que todas las mujeres desaprueben. Y podrían apelar a esa justicia que declararía mi regla injusta. Pero si no hay tal cosa como justicia absoluta y objetiva, entonces todo lo que pueden decir cuando protesten contra mi regla es que no les gusta y que sus valores subjetivos son distintos a los míos. Pero eso no es lo que ustedes dijeron. No dijeron simplemente que no les gustaba mi regla, sino que era injusta. Quiere decir que realmente, cuando vamos a lo práctico, creen en absolutos morales después de todo. Entonces, ¿por qué creen en esa teoría pueril? ¿Por qué son hipócritas? ¿Por qué no practican lo que predican y dejan de apelar a la justicia o predican lo que practican y dejan de negarlo?[4]

Estas dos historias nos señalan una verdad que no se puede negar: *El relativismo moral es imposible de vivir.* El joven estaba dispuesto a ser un relativista moral siempre y cuando fuera conveniente para él, pero rápidamente se convirtió en un absolutista moral cuando alguien intentó robar su estéreo. Los estudiantes del doctor Kreeft apoyaron el relativismo hasta que sus calificaciones estuvieron en juego, y entonces ¡inmediatamente reclamaron una norma objetiva!

Tres problemas más del relativismo

El desacuerdo es mayúsculo

Relativismo moral, la perspectiva de que todos los valores son determinados por cada cultura o individuo, *parece* haber nacido de diferentes perspectivas culturales. No hay ninguna obligación moralmente absoluta para conducir un vehículo del lado derecho del camino. Esa norma es valedera en los Estados Unidos pero no en Inglaterra. Muchas personas que viven en India no comerían vacas, pero pocos en los Estados Unidos se negarían a una deliciosa hamburguesa. Algunas personas piensan que la homosexualidad es moral, mientras otras no. Desde la vestimenta local hasta la ética de los pueblos, parece haber una gran variedad en todas las culturas. Pero, ¿ésta es toda la historia?

Los defensores del relativismo moral todavía no ven que *hay muchas más similitudes que diferencias entre culturas distintas.* Por ejemplo, toda sociedad tiene alguna versión de la regla de oro. Aunque algunas sociedades dirán que un hombre puede tener cuatro esposas, ninguna cultura dice que puede simplemente tomar cualquier mujer que él quiera. Todas las sociedades tienen leyes que protegen la vida humana, todas condenan el robo, todas honran la valentía y todas dicen que relacionarse en actos sexuales con cualquiera no está permitido. Es como si fueran distintas orquestas que tocan la misma partitura pero que adoptan las armonías a sus propios instrumentos.

El debate sobre el aborto nos brinda un ejemplo de cuánto se puede estar en descuerdo. El saber convencional afirma que la cuestión del aborto abarca dos perspectivas con dos sistemas de valores totalmente opuestos. Pero la mayor parte del tiempo ambas coinciden en sus valores primarios. Después de todo, la mayoría de los defensores del aborto y el antiaborto cree que todos los seres humanos poseen ciertos derechos que no se les puede quitar, como dice en la Declaración de Independencia estadounidense. Normalmente no están en desacuerdo sobre los derechos básicos del ser humano, sino en el concepto de ser humano. Por lo general, los que están a favor del aborto afirman que el ser humano tiene ciertos derechos, pero consideran que los fetos no son seres humanos completos. Y muchos defensores de la vida creen que la mujer tiene derecho a elegir; simplemente creen que esa elección se limita, en el caso del aborto, debido a los derechos del ser que aún no nació. Entonces realmente hay más acuerdo de lo que la gente cree. Hay un acuerdo de valores pero un desacuerdo de hechos, un acuerdo de principios pero un desacuerdo sobre cómo aplicar dichos principios.

Muchas veces ignoramos que hay una gran cantidad de temas sobre los que la mayoría de los estadounidenses está de acuerdo, por ejemplo, que es inhumano torturar bebés, abusar de niños o cometer violación. Y también hay un gran número de conflictos morales que se han resuelto en el pasado, como por ejemplo la esclavitud, los derechos de la mujer, el trabajo de los menores.

Aunque hay algo de desacuerdo en temas morales, como los relativistas morales dicen con frecuencia, no debemos olvidarnos de lo que tenemos en común.

La irremediable falla del relativismo

Tal como el dicho «No hay verdad», la filosofía del relativismo moral es contradictoria. La propuesta del relativismo moral dice que no hay verdades absolutas que se apliquen a todas las personas, en todos los lugares, en todos los tiempos, entonces las personas *deben* seguir sus valores personales o culturales. Pero al analizarlo con más detalle, vemos que el relativista hace una propuesta absoluta, para aclarar que todos *deben* ser relativistas y seguir sus normas personales o culturales. Entonces por un lado el relativista dice que no hay verdades absolutas, pero considera el relativismo como si fuera absolutamente verdadero. Por lo tanto, *nadie puede tener una postura relativista moral sin ser contradictorio.* Es por eso que el doctor Norman Geisler comentó: «Los valores morales absolutos son inevitables. Aquellos que los niegan se valen de éstos».[5] En realidad, es imposible negar la existencia de absolutos sin apelar a un absoluto.

El relativismo es una postura cerrada e intolerante

La tolerancia, a lo largo de la historia de la civilización occidental, significaba reconocer y respetar las creencias de otro sin compartirlas. En otras palabras, sólo eres tolerante con alguien con quien no estás de acuerdo. Pero la definición actual de la tolerancia es totalmente diferente. Tolerancia hoy significa que *todos están igualmente en lo cierto.* Por eso se las llama «intolerantes» a las personas que dicen tener la perspectiva correcta o una visión acertada acerca de un tema moral.

Muchos ven al relativismo como necesario para promover la tolerancia, el no juzgar y aceptar a los demás, porque se cree que si una persona está convencida de que su postura moral es la correcta y todas las demás son incorrectas, entonces dicha persona tiene una mente cerrada e intolerante. Pero en realidad el relativismo, por sus propios estándares es, en sí mismo, una postura cerrada e intolerante. Después de todo, el relativista afirma, *de manera inflexible*, que no hay verdad moral. Observa el siguiente diálogo entre una estudiante de secundaria y su profesora:

–Bienvenidos, estudiantes –le dijo la profesora a su clase–. Éste es el primer día y quiero dejar en claro algunas reglas. Primero, como nadie tiene la verdad acerca de la moralidad, deben mantener una mente abierta y escuchar las opiniones de sus compañeros.

–Pero si nadie tiene la verdad –levantó la mano y respondió Elizabeth–, ¿no sería ésa una buena razón para no escuchar a mis compañeros? Después de todo, si nadie tiene la verdad, ¿entonces por qué debería perder el tiempo escuchando a otros y sus opiniones? ¿De qué serviría? Solamente si alguien tiene la verdad tiene sentido mantener una mente abierta. ¿No le parece?

–No, no me parece –contestó la educadora–. ¿Dices que tú tienes la verdad? ¿No es eso un poco arrogante y dogmático?

–Para nada. En realidad, me parece dogmático, y también arrogante, decir que nadie en la tierra conoce la verdad. Después de todo, ¿conoce usted a cada persona en el mundo y los ha examinado en profundidad? Y si no es así, ¿cómo puede afirmar tal cosa? También me parece que es en verdad lo opuesto a la arrogancia decir que cambiaré mis opiniones para conformarlas a la verdad cuando la encuentre. Y si tengo una buena razón para creer que conozco la verdad y quisiera compartirla con ustedes, ¿por qué no querrían escucharme? ¿Por qué desacreditaría mi opinión aun antes de que la haya dado? Creí que debíamos escuchar las opiniones de todos.[6]

Esta joven remarcó un tema importante: *Aquellos que predican la tolerancia, con frecuencia son los más intolerantes.* Si los relativistas morales fueran en verdad comprensivos y tolerantes, ¿no deberían estar listos para creer que los principios morales son objetivos? Pero obviamente no es así. Los cristianos no son los únicos que podrían merecer el título de «intolerantes», porque los relativistas morales son igualmente excluyentes con aquellos que disienten de sus puntos de vista.

Dios en el escenario

El relativismo moral claramente falla al explicar la moralidad humana. Dada su falla, parece ser razonable preguntar: ¿Hay una base más firme para la moralidad? Consideremos las dos teorías más populares para explicar la moralidad.

LA TEORÍA DEL CONTRATO SOCIAL

Esta teoría dice que las leyes son resultado de un contrato social entre adultos que dan su consentimiento. En otras palabras, las personas se juntan y crean leyes para que puedan sobrevivir y funcionar como raza. Es como si nos reuniéramos y creáramos reglas morales según el dicho: «Si me rascas la espalda, yo te rascaré la tuya». A pesar de su popularidad, la teoría del contrato social tiene *cuatro* problemas clave:

1. No hay ninguna base racional para pedirle a la minoría que deje sus aspiraciones por el bien de la mayoría. ¿Por qué a la minoría le debería importar la mayoría? ¿Por qué te debería importar beneficiar a un grupo si no te beneficia a ti?

2. Cuando los individuos rechazan el contrato social nos queda únicamente lo que el filósofo Friedrich Nietzsche llamó «la voluntad de poder». En otras palabras, los que están en el poder determinan la moralidad. Es la ley del más fuerte.

3. Si alguien puede escapar de las consecuencias del contrato social, ¿entonces por qué se considera su comportamiento objetivamente malo?

4. Sabemos intrínsecamente que hay ciertas acciones que son buenas (como ayudar a los pobres) y ciertas acciones que son malas (como torturar bebés). No necesitamos un contrato social para conocer la rectitud y la maldad intrínseca de ciertas acciones.

La teoría de la moralidad instintiva

Según esta teoría, el proceso de *evolución* indica el código moral universal. Tenemos sentido del bien y del mal porque la *naturaleza* nos lo dio. Hay *tres* problemas clave con tal enfoque ético:

1. Según la teoría del instinto, deberíamos obedecer a la naturaleza; pero antes de que podamos hacerlo, parece que debemos preguntar a *cuál* naturaleza tenemos que obedecer. Todos tenemos impulsos conflictivos. A veces deseamos ayudar a otros, pero otras queremos hacerle daño a la gente. Si la naturaleza nos dio ambos impulsos, ¿no es extraño que sigamos uno y a su vez descartemos el otro? No tenemos fundamento para determinar cuál naturaleza debemos seguir.

2. Si la naturaleza nos dio nuestro sentido de moralidad para preservar la raza humana, ¿entonces no serían ciertas acciones, como violación, correctas si me permiten pasar mis genes a la próxima generación? Si fuera el más fuerte para sobrevivir, ¿entonces qué tienen de malo mis acciones? Sin embargo, todos sabemos que la violación está mal en cualquier circunstancia.

3. Si nuestro sentido de moralidad proviene de la naturaleza, entonces ¿por qué no es eso algo más natural? Si la moralidad fuera simplemente un instinto que nos dirige, como nuestro instinto de comer o de supervivencia, ¿la moralidad sería tan natural para nosotros como lo es para los salmones nadar río arriba o para los gansos volar hacia el sur en el invierno? ¿No haríamos el bien de manera natural, sin tener que pensarlo?

Parece que el relativismo moral, la teoría del contrato social, al igual que la del instinto, fallan al intentar explicar la moralidad. Entonces, ¿cuál es el fundamento para el bien y el mal?

DIOS EN EL ESCENARIO

En la época de Julio César hubo en Roma un poeta y dramaturgo llamado Horacio. Este hombre vituperó la pereza de muchos escritores de teatro de su época. Criticó duramente a esos escritores que, cada vez que ocurría un problema en el argumento, invocaban a un dios romano para resolverlo. Horacio ordenó: «No traigan a un dios a escena a menos que el problema merezca un dios para resolverlo».

El desafío de encontrar una base para la ética es una que merece, y de hecho exige, un Dios para resolverlo. Todos los demás fundamentos, como hemos visto, fallan. Es imposible llegar a una norma para la verdad y la moralidad que sea objetiva, universal y constante sin poner a Dios en el escenario. En *Los hermanos Karamazov*, el novelista ruso Fedor Dostoievski observó: «Si no hay Dios, entonces todo es permisible». En otras palabras, si Dios no existe como base de la moralidad, entonces *todo vale*. Si Dios no existe, entonces perdemos el derecho de juzgar a los nazis y a cualquier otro con quien estemos en desacuerdo moral. Si no hay una fuente más alta que los humanos, entonces la existencia de la moralidad es una ilusión inexplicable.

Pero, si Dios existe, entonces tenemos razón para creer en la moralidad. Nosotros *debemos* ser honestos porque Dios es honesto. *Debemos* hacer obras de bien por amor porque Dios es amor. La moralidad está arraigada en el carácter y la naturaleza de Dios y se relaciona con su creación. La existencia de la moralidad nos lleva al absoluto que es la existencia de Dios y su carácter. Sólo la existencia de Dios y su carácter pueden describir apropiadamente la moralidad. Entonces, ¿cómo sabemos que Dios existe?

La existencia de Dios

El intelectual británico Gilbert Keith Chesterton una vez comparó a Dios con el sol: No podemos mirarlo directamente, pero sin él no podemos ver nada. Hay algunos argumentos convincentes para la existencia de Dios. Considera esta breve descripción de algunos:[7]

    1. *El argumento de una primera causa.* Todo lo que empieza a existir exige tener una causa. Como la ciencia y la filosofía han demostrado que el universo empezó a existir en algún momento del pasado, debemos formularnos esta pregunta lógica: ¿Qué lo causó? Una

explicación dice que todo lo que existe provino de la *nada* y por accidente. Pero una explicación más razonable es pensar que hay una causa eterna fuera del espacio y el tiempo que originó la existencia del universo, a saber, Dios.

2. *El argumento del diseño.* Cuando vemos un diseño en el mundo, asumimos que hay un diseñador. Por ejemplo, si llego a casa y me encuentro con la mesa puesta para comer, naturalmente deduzco que alguien (lo más probable, mi esposa) puso la mesa. De manera similar, el universo en sí mismo lleva las marcas de diseño. Como la Tierra está tan *perfectamente* preparada para la vida humana (la distancia del Sol, la existencia del agua, el porcentaje de oxígeno en la atmósfera, etc.), es natural pensar en un diseñador.

3. *El argumento de la moralidad.* Toda cultura humana conocida ha tenido una ley moral. Aunque hay algunos desacuerdos entre culturas, también hay increíbles similitudes. Sin apelar a una fuente suprema, o sea Dios, ¿qué más podría explicar el sentido común de la moralidad en toda la raza humana a lo largo de toda la historia? ¿Qué más puede explicar de dónde proviene la moralidad?

4. *El argumento de la información.* La información requiere de alguien que la provea. Cuando vemos un despliegue de información ordenada en el mundo, deducimos que provino de una mente, no del azar. Sabemos que un libro, por contener información ordenada, debe tener un autor. De manera interesante, vemos una gran cantidad de información ordenada en el cuerpo humano. Por ejemplo, ¡hay más información en una célula que en tres o cuatro series completas de la *Enciclopedia Británica!* El ADN lleva consigo información, por eso los científicos usan las letras A, T, G y C para describir su contenido (A, T, G y C son las letras del código genético y representan las bases nitrogenadas adenina, timina, guanina y citosina, respectivamente.) Entonces, debemos preguntar ¿quién proveyó tal cantidad de información en el cuerpo humano?

5. *El argumento de la resurrección de Jesucristo.* El movimiento cristiano en su totalidad se basa en un solo hecho histórico: Jesús resucitó el tercer día (1 Cor. 15:3-17). Esto no es meramente una creencia de una fe ciega, sino que se basa en un análisis crítico de la historia. Los escépticos han tratado de explicar la Resurrección, pero nunca con éxito. Jesús se levantó de entre los muertos, y ésta es una poderosa evidencia que atestigua la existencia de Dios.

Una última pregunta: ¿Quiénes somos nosotros para juzgar?

Uno de los versículos que con mayor frecuencia hoy se citan mal es Mateo 7:1. Con asiduidad escucho cómo se lo menciona con un tono de superioridad: «No juzguéis, para que no seáis juzgados». Como Jesús dice que no hay que juzgar, ¿quiénes somos nosotros para desobedecer? Pero como cualquier otro versículo en la Biblia, debemos mirar el *contexto* para obtener una interpretación apropiada.

El más amplio contexto de Mateo 7:1 es el Sermón del Monte, donde Jesús les habla a sus discípulos (no a los incrédulos) sobre cómo vivir en el reino de Dios. Necesitamos reconocer que cuando Jesús condenó el juzgar a otros, no decía con esto que nunca deberíamos emitir juicios morales sobre las personas. ¡Después de todo, en unos pocos versículos más adelante Jesús llama a ciertas personas «cerdos» y «perros» y «vestidos de ovejas pero por dentro son lobos rapaces»! (Mat. 7:6,15). Lo que Jesús reprocha es juzgar *de forma hipócrita*, cuando juzgamos a otros con normas que no aplicamos a nosotros mismos. A veces es bueno juzgar, pero no juzgar hipócritamente. Por eso Jesús dijo: «No juzguéis según las apariencias, sino juzgad con justo juicio» (Jn. 7:24). Aunque esté bien juzgar a otros por acciones tales como la infidelidad o promiscuidad sexual, no tenemos ningún derecho a creernos mejores que los demás. Cuando juzgamos, debemos hacerlo justamente sin considerar nuestras preferencias o prejuicios. Consideremos algunos otros versículos en Mateo donde Jesús instruye a sus seguidores a formular juicios.

Mateo 7:15-20	Los seguidores de Jesús tienen que *juzgar* a aquellos que dicen ser profetas.
Mateo 10:11-15	Los seguidores de Jesús tienen que *juzgar* las casas que visitan durante sus salidas evangelísticas.
Mateo 16:6-12	Los seguidores de Jesús tienen que *juzgar* las enseñanzas de los fariseos y los saduceos.
Mateo 18:15-17	Los discípulos de Jesús tienen que *juzgar* las acciones de los hermanos que han caído en pecado.

Formular juicio significa estar en desacuerdo con alguien o considerar que alguien está moralmente equivocado. Porque hasta los relativistas consideran que los absolutistas están equivocados. Por otro lado, ser censurador *es pensar que somos mejores que los demás por sus fallas morales.* Tal actitud es incompatible con el llamado bíblico de amarnos unos a otros (1 Juan 4: 7), porque Dios es quien juzgará el corazón (1 Sam. 16:7).

¿Cómo debemos responder?

Actuar con amor, no con arrogancia

Emitir juicios morales no necesariamente hace que alguien sea arrogante, si se hace en amor. La Madre Teresa de Calcuta lo demostró en su discurso durante un desayuno de oración nacional en 1994. Ella condenó valientemente el aborto ante el presidente y el vicepresidente de los Estados Unidos, ambos proabortistas. Aunque habló de manera respetuosa, defendió vigorosamente a aquellos que todavía no han nacido. «Y si podemos aceptar que una madre puede matar hasta a su propio hijo, ¿cómo podemos decirles a los demás que no maten a otros? Cualquier país que acepte el aborto no le enseña a su gente a amar, sino a usar la violencia para obtener lo que quieran».[8] Debido a su fuerte compromiso con los pobres y los oprimidos, nadie acusó a esta monja de arrogante. De igual manera, cuando actuamos con *amor genuino* les es sumamente difícil a las personas calificarnos de arrogantes, intolerantes y criticones.

Reconocer el pensamiento falaz

Frank Beckwith participó hace poco en un panel de discusión con personas de diferentes posturas políticas y religiosas, sobre la responsabilidad moral de los medios de comunicación. Durante el discurso, una mujer joven levantó la mano y le preguntó: «¿Quién es usted para juzgar?» Insinuó que él no tenía ningún derecho a hacer un juicio moral sobre las acciones de los demás. Frank le contestó: «Soy una persona racional y consciente de ciertos principios fundamentales de la lógica y el razonamiento moral. Estoy capacitado para hacerlo. ¿Acaso preferiría que los animales fueran quienes juzgasen? —Su respuesta la dejó asombrada—. *Tenemos* derecho a emitir juicio moral, de hecho ésa es una de las diferencias clave entre los humanos y los animales —expresó Frank. Tener conciencia moral y emitir juicio moral es innato del ser humano—. Usted afirma que no tengo derecho a juzgar si se trata de un juicio sobre mí. Su reclamo, por lo tanto, es contradictorio».[9] Cualquiera que dice que no debes juzgar ya ha emitido un juicio moral sobre ti, al decir que es incorrecto que juzgues a otros. La próxima vez que alguien diga: «¿Quién eres para juzgar?», podrías responderle con esta pregunta: «¿Quién eres para hacer esa pregunta, quién eres tú para juzgar?»

REVERTIR LA SITUACIÓN

Si te encuentras en un entorno donde sospechas que debido a tus creencias te tratarán de censurador, intolerante, exclusivo y de mente estrecha, *revierte la situación*. Cuando alguien pregunte cuál es tu perspectiva sobre asuntos de moralidad, responde firme pero de manera amable con la siguiente pregunta: «Sabes, ésa es realmente una pregunta demasiado personal, y me gustaría respondértela. Pero antes de hacerlo, quisiera saber si te consideras una persona tolerante o intolerante. ¿Puedo darte mi opinión o me vas juzgar por mi punto de vista? ¿Respetas otras maneras de pensar o condenas a los demás cuando tienen convicciones diferentes a las tuyas?»[10]

Entonces cuando presentas tu punto de vista, será dificilísimo que alguien te llame intolerante o juicioso sin parecer también culpable de lo mismo. Esta respuesta avala que *no existe tal cosa como la neutralidad moral*. Todos tienen un punto de vista que ellos creen que es el correcto, y todos emiten juicios morales con regularidad. Al cristiano se lo rotula de juzgador, pero todos los demás también juzgan. Es una consecuencia inevitable al tener principios morales.

Conclusión

El relativismo moral es un mito ante los ojos de tu generación. A pesar de su increíble popularidad, el relativismo posee serios problemas. No es posible dar cuenta de la medida moral a través de las culturas, y nos deja en una posición en la cual es imposible emitir juicios morales (por ejemplo: «Quién eres tú para juzgar a los nazis por las acciones que su cultura concluyó que eran correctas»). Sólo podemos emitir juicios morales cuando consideramos a Dios como la base de nuestra ética.

Revisión

1. ¿Cuáles son las principales diferencias entre el relativismo y el absolutismo?

_____

_____

_____

_____

_____

2. ¿Cuál fue el punto principal de la conversación que tuve con mi papá sobre *Schindler's List* [La lista de Schindler]? ¿Qué carencia se resalta en el relativismo?

_____

_____

_____

_____

3. ¿Por qué es imposible vivir como un relativista? ¿Qué deduces de los relatos «¡No puede robar mi estéreo!» y «¡Todas las mujeres de la clase desaprueban!»?

_____

_____

_____

_____

_____

4. Describe los otros tres problemas concernientes al relativismo.

(a) _____

_____

_____

(b) _____

_____

_____

(c) _____

_____

_____

5. Describe las siguientes dos teorías sobre la moralidad y sus correspondientes puntos débiles:

La teoría del contrato social _____

_____

_____

_____

La teoría de la moralidad instintiva _____

_____

_____

_____

6. Resume los cinco argumentos básicos sobre la existencia de Dios.

(1) _____

_____

_____

(2) _____

_____

_____

(3) _____

_____

_____

(4) _____

_____

_____

(5) _____

_____

_____

7. Ante la pregunta «¿Quién eres tú para juzgar?», ¿cómo responderías?

_____

_____

_____

_____

_____

Pequeños grupos interactivos

1. Debate la siguiente afirmación de Fedor Dostoievski: «Si no hubiera Dios, todo sería permisible». ¿Qué significa? ¿Estás de acuerdo con eso? ¿Por qué no sería el hombre, en definitiva, responsable por sus acciones si Dios no existiera?

2. ¿Alguna vez te *han rotulado de censurador, arrogante o intolerante?* ¿Merecen muchos cristianos que los denominen así? ¿Qué podemos hacer en una conversación o en nuestro estilo de vida para evitar este tipo de rótulos y que puedan escuchar en forma junta nuestro punto de vista?

CAPÍTULO 5

La moralidad del sexo

Propósito

Entender las razones bíblicas detrás de los mandatos de Dios referentes a la inmoralidad sexual y aprender por qué la gente que acata su plan es la que está más satisfecha sexualmente en la faz de la tierra.

En este capítulo aprenderás

- Que los principios de amor, pureza y fidelidad están presentes en los mandatos de Dios sobre el sexo, que a su vez, están respaldados por el propio carácter de Dios
- Los tres propósitos principales del sexo
- La verdad sobre las enfermedades de transmisión sexual, los condones, la pornografía y el sexo oral
- Cuatro razones que avalan por qué la gente que sigue el plan de Dios tiene una vida sexual plenamente satisfactoria
- Pautas para ganar la batalla de la pureza sexual
- Cómo restaurar la virginidad espiritual y emocional

Se está desarrollando una revolución sexual entre los de tu generación. Sin embargo, a pesar de lo que los medios de comunicación podrían argumentar, no se trata de una revolución contra los valores tradicionales, como la generación de los años 60. Ésta es radicalmente diferente. En efecto, esta revolución tiene que ver con los jóvenes como tú que están hastiados y cansados de que los bombardeen con información falsa acerca del sexo.

Has visto que demasiadas personas se han perjudicado, que muchísimas vidas han quedado marcadas y que numerosos corazones quedaron desechos. Tú quieres respaldar la verdad. Un artículo reciente de la revista *Newsweek* lo expresa de este modo: «Hay en los Estados Unidos una revolución sexual que rechaza la filosofía de "hagamos el amor" de la generación de sus padres. Esta ola de jóvenes adultos representa una nueva contracultura, marcadamente en conflicto con la corriente dominante de los medios de comunicación y su costumbre de valerse del sexo para subir el índice de audiencia y comerciar productos... Más adolescentes dicen "no"».[1]

A pesar de que tu generación demanda respuestas verdaderas sobre el sexo, *tú te encuentras, como ninguna otra generación en la historia, con una cultura saturada de sexo, y con más dificultades a las que sobreponerte para adoptar una postura firme y decente.* Apenas si puedes prender el televisor, darle un vistazo a Internet, mirar una película o caminar por la calle sin que te bombardeen con el ficticio mensaje sobre la sexualidad. ¡En realidad, se dice que un adolescente típico, hoy, enfrenta más presiones en el área del sexo en su camino a la parada del autobús que su abuelo, un viernes por la noche, cuando lo estaba buscando!

Así que, ¿quién puede esperar que un joven o jovencita adopte la postura de mantenerse puro sexualmente hoy? La respuesta a esta pregunta es simple: Dios puede. Sus parámetros no han cambiado aunque los tuyos sí. Santo Tomás Moro dijo una vez: «Esta época *nunca* fue peor para que un hombre decente viviera». La época es francamente pésima, pero no hay excusas para tomar decisiones lamentables. Tal como lo anunció el autor de Hebreos, Dios «os haga aptos en toda obra buena para que hagáis su voluntad» (Heb. 13:21). ¿Estás listo para el desafío?

¿Qué tiene para decir Dios sobre la sexualidad?

Los preceptos

Muchos jóvenes conocen los *preceptos* de la Biblia, que son los mandatos de Dios respecto de la conducta sexual.

- «Que os abstengáis de… fornicación» (Hech. 15:29).
- «Huid de la fornicación» (1 Cor. 6:18).
- «Pero fornicación y toda inmundicia, o avaricia, ni aun se nombre entre vosotros» (Ef. 5:3).
- «Haced morir, pues, lo terrenal en vosotros: fornicación, impureza, pasiones desordenadas, malos deseos» (Col. 3:5).

Los principios

Sin embargo, muchos jóvenes desconocen *por qué* Dios entregó tales mandatos. Los preceptos de Dios no se proponen robarte la diversión o hacerte sentir infeliz. Más bien, están concebidos para protegernos y proveernos de las mayores bendiciones imaginables. Detrás de los preceptos de Dios sobre la sexualidad hay tres *principios*: amor, pureza y fidelidad.

El amor provee la base para una sexualidad bíblica. Muchos jóvenes creen hoy que «el amor lo transforma en apropiado». En realidad, los adolescentes dicen que el amor es más importante que tener relaciones sexuales con la certeza de que no los descubrirán (¡lo cual puede sorprender a algunos, porque que no los descubran es demasiado atrayente para muchos jóvenes!) Estoy de acuerdo con que «el amor lo transforma en apropiado». Pero antes de que quemes este libro, déjame presentarte mi postura. El amor lo transforma en apropiado porque es necesariamente *altruista* y no *egoísta*. El amor busca lo mejor para el otro en vez de para uno mismo. El verdadero amor no se compromete en una actividad que podría perjudicar a alguien o hacer que peque. El verdadero amor, tal como mi papá lo compartió conmigo, es cuando *la felicidad, la salud y el crecimiento espiritual de otra persona son tan importantes para ti como los propios* (ver Ef. 5:33). El verdadero amor se concentra en dar, no en quitar. El verdadero amor dice: «Te amaré», y punto. Este tipo de amor es sólo posible dentro del compromiso del matrimonio. Este tipo de amor es el que «lo transforma en apropiado».

La pureza provee la base para una sexualidad bíblica. En la película *Los padres de ella*, Greg Focker (representado por Ben Stiller) es un desventurado pretendiente enamorado que quiere ganar la aprobación de sus futuros suegros. Robert De Niro, que desempeña el papel del potencial suegro, habla de un «círculo de confianza» que se limita solamente a aquellos allegados a la familia. Y este círculo de confianza, una vez que se rompió, nunca podrá repararse. De manera similar, la unión sexual entre un hombre y una mujer tiene como propósito formar un círculo invulnerable, una unión pura: dos vírgenes que entran a una relación indivisible. Hebreos 13:4 dice: «Honroso sea en todos el matrimonio, y el lecho sin mancilla». Aquel círculo, aquella unión, puede quebrantarse aun *antes* del matrimonio, si uno o ambos compañeros no se mantuvieron fieles al reservar el sexo para su uso apropiado dentro del matrimonio.

La fidelidad provee la base para una sexualidad bíblica. El parámetro bíblico para las relaciones sexuales es que ambas personas sean fieles mutuamente por el resto de sus vidas. Por eso el salmista asevera: «El amor y la lealtad... sellarán su encuentro con un beso» (Sal. 85:10 TLA). Por eso el matrimonio es el pivote para la sexualidad bíblica, ya que brinda la plataforma necesaria para una vida de compromiso. Para que el amor florezca con plenitud es necesario ser fiel.

La persona

Los preceptos de Dios para la sexualidad humana se basan en los principios bíblicos de amor, pureza y fidelidad. Aquellos principios, a su vez, se basan en la *persona* misma de Dios.

- *Dios es amor.* El amor no es meramente una acción que Dios desarrolla; es quien Dios es. La Biblia afirma: «Dios es amor; y el que permanece en amor, permanece en Dios, y Dios en él» (1 Jn. 4:16). Debido a que Dios *es* amor, siempre *actúa* con amor. Este amor es lo que motivó a Dios a enviar a su único Hijo para que sufriera y muriese por nosotros. Por eso se nos ordena: «No amemos de palabra ni de lengua, sino de hecho y en verdad» (1 Jn. 3:18).

- *Dios es puro.* Dios no manda solamente a su pueblo a ser puro, también Él *es* puro en carácter y naturaleza (1 Jn. 3:3). Dios no tiene manchas, defectos ni contaminaciones, es completamente puro. Hasta las palabras de Dios son perfectamente puras (Sal. 12:6; Sant. 3:17). Demostró su pureza a su pueblo: Exigió que se usara oro *puro* en el arca y el templo; estableció que se usara incienso *puro* en la adoración; previó que se sacrificaran animales *puros*; requirió corazones *puros* (Mat. 5:8), una religión *pura* (Sant. 1:27) y relaciones *puras* (1 Tim. 5:2). Cuando Dios se encarnó en la persona de Jesucristo, ofreció el mayor sacrificio *puro* y posible, ¡Él mismo!

- *Dios es fiel.* «Él es la Roca, sus obras son perfectas» (Deut. 32:4 NVI), clamó Moisés a los israelitas a medida que se preparaban para entrar a la tierra prometida. «Dios es *fiel*; no practica la injusticia. Él es recto y justo» (Deut. 32:4 NVI). El mismo Dios que le fue fiel a Moisés es también fiel a su pueblo hoy. «Si fuéramos infieles –escribe Pablo–, él permanece fiel; Él no puede negarse a sí mismo» (2 Tim. 2:13). En otras palabras, Dios no puede ser infiel, porque la fidelidad es su carácter y naturaleza. Por eso las palabras de Dios son «fieles y verdaderas» (Apoc. 21:5).

Precepto
«Huid de la fornicación» (1 Cor. 6:18)

Principio
Los parámetros de Dios para el sexo se basan en el amor, la pureza y la fidelidad (dentro del matrimonio).

Persona
Dios es amor, pureza y fidelidad.

Muchos jóvenes son conscientes de los preceptos bíblicos respecto de la sexualidad. Pero en las situaciones de todos los días, especialmente en medio de la tentación, comienzan a preguntarse si dichos preceptos aún se aplican hoy. Sin embargo, cuando determinamos los principios detrás de los preceptos y dejamos que nos señalen la persona de Dios, podemos observar que las normas bíblicas son verdaderas y apropiadas en el presente como siempre lo fueron. Porque las normas humanas están sujetas a error y cambio, pero las de Dios están establecidas sobre la base de su naturaleza y carácter, «en el cual [Dios] no hay mudanza, ni sombra de variación» (Sant. 1:17). La Palabra de Dios deja bien en claro que la castidad, el amor bíblico, la pureza sexual y la fidelidad marital, constituyen el derecho de toda persona en todo lugar y época.[2]

El propósito del sexo

No hace mucho llamé a mi proveedor de Internet para que me ayudase con la computadora en casa. Antes de cortar la comunicación, decidí preguntarle al operador (¡intenta hacer esto alguna vez!) cuáles habían sido las preguntas más descabelladas que la gente le había hecho sobre cómo usar una computadora. Me dio estas cómicas respuestas: Una dama le preguntó cómo usar el pedal en su computadora. ¿Puedes imaginarte lo que usaba? ¡El *mouse*! Otro jovencito le comentó que el «portataza» de su computadora era demasiado chico para su taza favorita. ¿Qué crees que utilizaba como portataza? Probablemente ya lo adivinaste: ¡Intentaba usar el compartimento del CD-ROM! Otra dama recorrió la casa y cerró las ventanas abiertas porque en la pantalla de su computadora decía: «Cierre todas las ventanas».

Podríamos reírnos de estos errores ingenuos porque nos damos cuenta de que la falla fue entender el uso correcto de la máquina. El *mouse* no cumple la función de un pedal y el compartimento del CD-ROM no fue diseñado para sostener tazas. La computadora fue diseñada para funcionar de cierta manera, y cuando no se la utiliza así, da lugar a la frustración. Este mismo principio se aplica a la sexualidad. Las reglas de la sexualidad no fueron meramente creadas por el hombre, sino por Dios. No son reglas hechas al azar que se proponen robarnos la diversión; se basan en la naturaleza del hombre y en la de Dios. La regla: «Huid de la fornicación» es similar a «No comas grasas» en una dieta o «Debes hacer tu tarea» en la escuela. No importa cuánto lo creas, los alimentos con grasa no favorecerán tu salud. No importa cuán inteligente seas, tienes que hacer tu tarea para tener éxito en la escuela (si no es ahora ¡la tendrás que hacer en la universidad!). El filósofo Peter Kreeft lo expresa de esta manera: «La moralidad sexual cristiana, como el resto de la moralidad, se basa en la naturaleza humana, en lo que somos y lo que el sexo es. No se trata de reglas cambiantes de un juego, sino de reglas inmutables de un manual de operación escrito por el creador de nuestra naturaleza humana».[3]

Algunas personas sostienen que el sexo es sólo la consumación de un deseo natural y animal que hemos heredado de nuestros antepasados en el proceso gradual evolutivo. El propósito del sexo, desde esta perspectiva, es meramente pasarle los genes a la próxima generación y preservar «la supervivencia de las especies». Pero esta perspectiva es totalmente incorrecta. Según Dios, el creador del sexo, existen tres propósitos primarios para la sexualidad. Cuando ignoramos dichos propósitos, de la misma manera que ignoramos las instrucciones sobre cómo usar de manera correcta una computadora, habrá consecuencias. Entonces, ¿cuál es el propósito del sexo?

1. La procreación. Para la mayoría de la gente no resulta una sorpresa escuchar que el propósito principal del sexo es crear bebés. En Génesis 1:28, Dios le dice a la primera pareja de humanos: «Fructificad y multiplicaos; llenad la tierra». Es interesante ver que mucha gente no se da cuenta de que Dios les dio un *mandato* a las personas para que tuvieran hijos, no es una sugerencia. ¡Éste es un mandato del cual no oigo que alguien se queje!

2. La unidad. Uno de los aspectos más poderosos del sexo es su facultad para mantener a las personas unidas. El autor de Génesis escribe: «Por tanto, dejará el hombre a su padre y a su madre, y se unirá a su mujer, y serán *una* sola carne» (2:24). El sexo no es un acto meramente físico; también abarca la conexión emocional, relacional y espiritual. El sexo une a las personas de la manera más íntima. Por eso es tan difícil para algunos adolescentes separarse después de tener relaciones sexuales.

3. La recreación. Muchas personas piensan que Dios es un gran aguafiestas cuando se trata de la sexualidad. ¡Sin embargo no se dan cuenta de que es Dios quien en primer lugar creó el sexo para nuestro deleite! En realidad, Dios podría haber hecho que la procreación fuera aburrida y mediocre, sin embargo, la ideó como una de las cosas más vivificantes de las experiencias humanas. Proverbios 5:18-19 dice: «Sea bendito tu manantial, y alégrate con la mujer de tu juventud, como cierva amada y graciosa gacela. Sus caricias te satisfagan en todo tiempo, y en su amor recréate siempre». Dios creó el sexo para disfrutarlo, pero lamentablemente, muchos jóvenes de hoy se conforman con una experiencia de segunda clase, en vez de guardar lo mejor que Dios tiene para ellos.

La verdad sobre el sexo

¿Alguna vez tuviste un juguete que realmente querías? El *Transformer Optimus-Prime* era mi juguete preferido cuando estaba en cuarto grado. *Optimus-Prime* era el líder de los *Autobots* en la batalla contra los malvados *Decepticons*. En las caricaturas, *Optimus-Prime* podía transformarse instantáneamente a partir de su forma humana para convertirse en un camión de 18 ruedas. Para mí era frustrante que la transformación de los personajes en la vida real me llevara más tiempo que lo que veía en las caricaturas.

Pero después vi un aviso publicitario que cambió mi perspectiva para siempre. ¡Había finalmente *Transformers* que podían transformarse solos! ¡Caramba! ¡Estaba tan entusiasmado con estos nuevos juguetes que podían autotransformarse que apenas si podía contenerme! Todo lo que había que hacer era accionarlos, dejarlos y ellos se transformarían igual que en las caricaturas. Entonces ahorré dinero e hice una compra por correo. Esperaba con ansias el día en que el paquete llegara. Pero me llevé una gran desilusión porque el juguete no era tan estupendo como lo mostraba el aviso. Era más lento, más pequeño y estaba hecho de un modo más barato del que esperaba. A pesar de mi entusiasmo y expectativa inicial, me habían embaucado.

Eso es lo que les sucede hoy a los jóvenes con el sexo. Hay tanta publicidad falsa sobre el sexo que, lamentablemente, mucha gente joven la cree. Los medios de comunicación, el sistema educativo y muchos de nuestros amigos tienen ideas sobre cómo debería ser el sexo, pero pocos conocen la verdad. Esto se lo ve con claridad en una conversación reciente que una muchachita tuvo con los editores de la revista *Seventeen*.[4]

- Una muchachita: «Me diagnosticaron que tenía el virus del papiloma humano (VPH). Me extirparon los papilomas, pero ¿el virus nos dejará infértiles a mi novio y a mí?»

- La revista *Seventeen:* «Algunas mujeres, por supuesto, se perturban cuando tienen papilomas en el área vaginal, pero por lo general, no son más que una molestia. Raramente estas deformaciones pueden causar cáncer de cuello de útero, vulva o vagina. Para que no pienses que esto sólo te ocurre a ti, fíjate que se estima que 20 millones de personas, incluido 1/3 de todos lo adolescentes sexualmente activos, tienen VPH. Todo esto puede parecerte deprimente, pero no te preocupes demasiado. Aunque no hay cura aún para el VPH, existen muchísimos tratamientos para los papilomas desagradables. En el futuro, trata siempre de usar un condón».

Este artículo, como muchos de los mensajes que la gente recibe sobre la sexualidad, está invadido de información falsa. Por un lado, los papilomas son más que una molestia. En realidad, son extremadamente comunes. Los papilomas genitales pueden aparecer en el área de la vagina, el pene, la cérvix o cerca del ano. Lamentablemente, los bebés están expuestos al contagio durante el nacimiento y los papilomas aparecen en la garganta.

Aunque sólo un 11% de los adolescentes tiene información sobre VPH, es, por lejos, la enfermedad de transmisión sexual (ETS) que más comúnmente se contagia. Tanto como 45 millones de estadounidenses padecen de VPH, más del doble de lo que menciona la revista *Seventeen*.[5] El Instituto Médico para la Salud Sexual de los Estados Unidos estima que el 33% de las mujeres padece de VPH.[6] Los estudios han demostrado que las mujeres menores de 25 años, entre el 28% y el 46% se ha infectado con el virus del papiloma humano.[7] Una investigación de la Universidad de Rutgers muestra que al 60% de las mujeres sexualmente activas le ha dado positivo el test al menos una vez en el período de tres años que duró este estudio.[8]

El VPH tiene consecuencias mayores en los papilomas genitales. Produce cáncer. El virus del papiloma humano es causante de más del 90% de todos los cánceres cervicales, el segundo tipo de cáncer más común entre las mujeres estadounidenses.[9] En realidad en Estados Unidos el cáncer cervical causado por este virus mata a más mujeres que el sida. Te propongo que lo pienses con seriedad.

Acerca de los condones

Pero, ¿qué podemos decir de aquellos que usan condones? (tal como lo sugiere la revista *Seventeen*). El Instituto Nacional de Salud afirma: «Los condones no brindan protección contra el VPH».[10] Porque el VPH (como muchas otras ETS) pasa a través de las áreas de contacto de la piel que no cubre el condón. La verdad sobre los condones es que *aunque se usen de manera adecuada y con regularidad* (lo que rara vez sucede en la juventud), *sólo sirven para disminuir los riesgos, pero no los eliminan.*

Por eso, la circular del Colegio Estadounidense de Obstetricia y Ginecología dice que los condones son «un sistema anticuado para el control de la natalidad, y con frecuencia no previenen el contagio de enfermedades de transmisión sexual. Cada año, el 25% de las mujeres cuyas parejas usan condones para el control de la natalidad, queda embarazada».[11] Los condones no sirven para «practicar el sexo sin riesgos». Con frecuencia se rompen, pinchan, deslizan, y los virus, que son microscópicos, pasan a través de los poros del material.[12]

Hay sólo un método para prevenir las consecuencias del sexo prematrimonial: *Abstenerse* hasta casarse. El Instituto Médico para la Salud Sexual define la abstinencia como «la decisión intencional y la acción deliberada de privarse de la actividad sexual». La actividad sexual es «cualquier actividad que involucra el contacto intencional voluntario para lograr el despertar sexual».[13] Dichas actividades incluyen el coito, los juegos anticipatorios a la relación sexual, el sexo oral, la masturbación mutua y cualquier otro contacto sexual determinado.

Argumentos a favor de la perspectiva bíblica sobre el sexo

Hay un fuerte mito referente a los cristianos y el sexo, aquel que dice que los cristianos se pierden toda la diversión. Fred Berger, ex profesor de la Universidad de California, en Davis, lo explica así: «Por lo general el sexo es rutinario, aburrido, insatisfactorio... precisamente porque su práctica la determinan las restricciones sobre las que insisten los conservadores cristianos. Aquellas restricciones establecen con *quién, cuándo, con qué frecuencia* y *dónde* se tendrán relaciones sexuales».[14] En otras palabras, los cristianos arruinan toda la diversión porque tienen demasiadas reglas para la conducta sexual.

Un artículo titulado «¡Ahá! Llámenlo la venganza de las damas de la iglesia», apareció no hace mucho en el periódico *USA Today* y ayudó a desprestigiar este mito.[15] El autor del artículo, William R. Mattox Jr., compiló los resultados de las encuestas más extensas y certeras que se han llevado a cabo sobre el sexo. Quería averiguar quién experimentaba el *mejor sexo* y quién experimentaba *más sexo*. Ésta es la conclusión, sobre la base de dicha información: «Las damas de la iglesia (y los hombres que se acuestan con ellas) están entre las personas más plenamente satisfechas en el área sexual sobre la faz de la tierra». Las mujeres religiosas, según este estudio, experimentan un nivel *significativamente más elevado* de satisfacción sexual que las mujeres que no practican una religión. Y concluyó: «Estas enseñanzas religiosas son atinadas para dejar perplejos a aquellos que creen que Dios es un gran aguafiestas en lo que respecta a la sexualidad. No obstante –agrega el autor–, la conjetura común es que las damas de la iglesia son unas reprimidas en el área sexual o que son como las mujeres felizmente ignorantes de *Pleasantville* (película en donde a dos hermanos se los transporta al interior de una telecomedia de los años 50), quienes creen que han obtenido lo bueno pero no tienen idea de lo que se pierden». A pesar de la popularidad de este mito, explica cuatro razones de por qué los cristianos tienen *por lejos* mejores experiencias sexuales que aquellos que rechazan el plan de Dios.

1. POSPONER LAS RELACIONES SEXUALES HASTA DESPUÉS DE CASARSE OTORGA BENEFICIOS CONSIDERABLES

Uno de los mitos de nuestra sociedad parece ser que para tomar decisiones informadas sobre el sexo, primero debes experimentarlo. ¡Sin embargo los estudios muestran lo opuesto! Acá se describen algunos hechos que lo demuestran: *Cuanto más te abstienes sexualmente antes de casarte, mayor es la satisfacción que tendrás con tu futuro cónyuge en el matrimonio.* Un artículo del periódico *USA Today* comenta: «Varios estudios demuestran que las mujeres que se involucran tempranamente en actividades sexuales y aquellas que han tenido múltiples parejas tienen menos capacidad para expresar satisfacción en su vida sexual que las mujeres que llegaron al matrimonio con poco o nada de experiencia sexual». ¡Esto es cierto!

Cuando los adolescentes eligen comprometerse en largos períodos de besuqueos, juegos anticipatorios a la relación sexual y sexo oral, pierden la futura intimidad que tendrán luego con su cónyuge. Por eso el Nuevo Testamento es tan claro al condenar la fornicación (es decir, la actividad sexual antes de casarse).[16] Las relaciones sexuales *antes* de casarse destruyen los propósitos de Dios para el matrimonio. Pero elegir postergar la actividad sexual hasta casarse traerá bendiciones inconmensurables. En su best seller *I Loved a Girl* [Amé a una muchacha], Walter Trobisch refuerza esta verdad bíblica: «Cuando, como pastor, me llamaron para aconsejar a matrimonios en crisis, casi siempre pude rastrear el origen de los problemas hasta la clase de vida que el esposo y la esposa tuvieron antes de casarse. El joven que no aprendió a controlarse antes de casarse tampoco lo hará de casado... En cierto sentido, privas a tu futura esposa de algo, aunque todavía no la conozcas, y arriesgas la felicidad del matrimonio».[17]

2. LAS PERSONAS SE BENEFICIAN AL COMPROMETERSE A PERMANECER CASADAS

¡Los chicos dicen las cosas más divertidas! En un artículo reciente de la revista *National Review* se les pidió a algunos niños en edad escolar, de 7 y 8 años, que describieran algunos relatos bíblicos conocidos. Éstas son algunas de las respuestas que más me gustaron:

- «A Adán y Eva los crearon de un árbol de manzanas».
- «La esposa de Noé se llamaba Juana de Arca».
- «Moisés guió a los hebreos hacia el Mar Rojo, donde hicieron panes sin levadura, que es pan hecho sin ningún ingrediente».
- «Moisés murió antes de llegar a Canadá».
- «Salomón, uno de los hijos de David, tuvo 300 esposas y 700 bobinas (concubinas)».
- «Jesús habló de la regla de oro y dijo que les hagamos antes a los demás lo que ellos nos harían a nosotros».
- «El cristiano solamente debe tener un cónyuge. A esto se lo llama *monotonía*».[18]

Lamentablemente, esta última «letrada observación» ilustra cómo nuestra cultura y muchos jóvenes piensan acerca del matrimonio: Que estar junto a una persona de por vida produce aburrimiento y monotonía. ¡Pero eso está demasiado lejos de la verdad! Según el artículo de *USA Today* que se mencionó antes: «Muchos estudios importantes demuestran una *fuerte* correlación entre el matrimonio monogámico y la satisfacción sexual».

En otras palabras, ¡estar comprometido con una persona de por vida te beneficiará a ti y, por ende, tu sexualidad se verá beneficiada! ¿Por qué? Porque el gozo sexual florece en una relación comprometida. Cuando tú eres capaz de conocer a una persona íntimamente, el sexo se transforma en algo mucho más que una actividad física placentera. Más bien se transforma en una conexión sagrada de dos almas en el más inimaginable nivel de profundidad. Cuando dos almas se comprometen juntas en tal unión, los placeres del sexo pueden ser indescriptibles. Tal experiencia puede desarrollarse sólo cuando dos personas se comprometen mutuamente de por vida dentro del contexto del matrimonio.

3. El plan de Dios ofrece una mayor libertad sexual

A pesar de que al comienzo puede ser un concepto difícil de entender, seguir las reglas de Dios para la sexualidad en realidad provee la mayor libertad sexual. ¿Cómo es posible? Permíteme explicarte. Hace poco, uno de mis amigos llevó a un grupo de jóvenes a jugar con bolas de nieve. De regreso a su casa, Johnny, un muchachito de séptimo grado, comentó: «¡Fue sensacional! Me encantó la estrategia del juego, pero por sobre todo, me encantó dispararle a la gente y la velocidad de las escurridizas balas. De hecho, cuando sea grande ¡quiero ir a la guerra!»

Un empleado joven, mayor que este muchachito, que había estado en la guerra, le dijo: «Johnny, no entiendes lo principal. El juego con las bolas de nieve es divertido porque tus acciones no tienen consecuencias. Te pueden pegar con una bola y lo máximo que te hará es darte un golpe. En este juego, tú tienes la *libertad* de jugar sin ninguna inhibición porque no existe *el temor*. Pero en la guerra, hay consecuencias extremas y muchísimo temor. Si te aciertan te puede costar la vida».

El sexo en el matrimonio puede compararse con un juego de bolas de pintura: Tú tienes libertad para divertirte sin temor a padecer consecuencias negativas. Si ambos han seguido el plan de Dios respecto de la pureza, entonces no tendrás que preocuparte por condones rotos, porque te rechacen, por contraer una enfermedad de contagio sexual o por tener que lidiar con el aborto. Cuando ignoramos el plan de Dios nos acribilla la ansiedad debido a las consecuencias intrínsecas y estresantes. Por eso el periódico *USA Today* lo expresó así: «Las damas de la iglesia disfrutan muchísimo porque no tienen que preocuparse por los tantos temores asociados con la promiscuidad sexual, como el sida y las demás enfermedades de transmisión sexual, el embarazo, el miedo a que las rechacen o que las descubran».

Hay mucha confusión respecto de la naturaleza de la libertad en tu generación. Un alcohólico comentó una vez: «Éstos son los Estados Unidos. Tengo la libertad de beber si quiero». Simplemente le repliqué: «¿Tienes la libertad para *no* beber?» Se quedó callado. Los jóvenes piensan que tienen la libertad de mirar pornografía en Internet. Pero no se dan cuenta de que tales acciones los conducen a la esclavitud. Como ves, la gente tiende a relacionar la libertad con la posibilidad de hacer lo que quiera. Pero esto no es la verdadera libertad. La libertad bien entendida es la capacidad de hacer lo que uno *debe* hacer. ¡Por eso Dios no planeó confinarnos sino en realidad liberarnos! Precisamente por eso Jesús afirmo: «Y conoceréis la verdad, y la verdad os hará libres» (Juan 8:32).

4. Las personas se benefician al creer que Dios creó el sexo

Un grupo de gente que subestimó el peligro de un témpano de hielo fue lo que causó la tragedia del *Titanic*. Aunque la punta del iceberg parece inofensiva, el peligro no está expuesto a la vista del ojo humano, sino que está escondido debajo de la superficie del agua. De la misma manera, nuestra vida se asemeja a un iceberg. La gente puede ver nuestras acciones y oír nuestras palabras, pero nadie puede ver lo que yace bajo la superficie, nuestras convicciones. Sin embargo, son éstas, más que cualquier otra cosa, las que determinan el curso de nuestra vida. No importa en qué nos gustaría creer, lo que la gente cree o piensa o lo que decimos que creemos. Cuando vengan las crisis, tomaremos decisiones según nuestra *verdadera* convicción.

Por eso nuestras convicciones juegan un papel crucial en el éxito y el deleite de la vida. Si tú crees que eres una persona agradable, entonces tendrás más posibilidad de hacer amigos. Si crees que eres inteligente, tienes más posibilidad de tener éxito en la escuela. En lo que se refiere a las relaciones, las personas que creen que Dios creó el sexo son las más beneficiadas. ¡Sólo creer que Dios creó el sexo con un propósito te beneficiará en tu futuro matrimonio! Ésta es una fuerte razón por la que la gente que va a la iglesia tiene, por lejos, una vida sexual más plena que aquellos que no van.

Algunos asuntos concluyentes

Pornografía

La pornografía destruye la propia estructura de tu generación. Pocos jóvenes se percatan de las devastadoras consecuencias que produce mirar pornografía. Con más de 260 millones de sitios pornográficos en Internet, las imágenes sexuales están simplemente disponibles con un solo clic del *mouse*.[19] Lo que una vez sólo estaba al alcance de unos pocos dispuestos a allegarse a la zona umbría de la ciudad, hoy la gente de cualquier edad lo puede ver en la privacidad de su hogar.

Podemos definir la pornografía como «la presentación de material orientado a la sexualidad de manera escrita o visual, que se diseñó de forma deliberada para estimular la sexualidad».[20] Esto incluye vídeos, libros, revistas, televisión, cable e Internet. Entonces, ¿por qué la pornografía es tan peligrosa?

- Una corta exposición a la pornografía puede llevar a actitudes y conductas antisociales.
- La pornografía puede disminuir la satisfacción sexual de la persona.

- La pornografía conduce a aumentar las fantasías de violación.

- Los hombres que miran pornografía se vuelven fácilmente adictos y comienzan a desear más material gráfico o pervertido, y terminan por comportase según lo que han visto.

- Se demuestra una relación social entre la pornografía y la violencia.

Hay cinco fases características por las que las personas pasan durante el proceso de adicción a la pornografía.[21] El primer paso es *exponerse* a cualquier tipo de materiales pornográficos. La segunda fase es la *adicción*. Este paso puede darse sólo cuando la persona elige de manera voluntaria encaminarse en esa dirección. Durante esta fase, la gente se expone continuamente a materiales pornográficos porque hay una satisfacción emocional y un profundo despertar sexual.

El tercer paso es el *ascenso*. Debido a que los niveles de satisfacción previos son difíciles de repetirse, los usuarios de pornografía buscan maneras explícitas de satisfacerse. El cuarto paso es la *desensibilización*. La conducta que antes se veía como escandalosa ya no es más un tabú. Las normas de decencia y moderación se dejan de lado para obtener una estimulación más intensa.

La fase final es *comportarse* según las fantasías. Hacemos lo que vemos. Aunque no toda persona que mira pornografía se convertirá en un violador, muchos buscarán nuevas maneras de concretar sus fantasías sexuales. Por eso el profesor Robert Bork, ex fiscal general de los Estados Unidos, observó: «Nadie supone que todo adicto a tales materiales concretará sus fantasías. Pero sería una terquedad pensar que nadie lo hará».[22] Recuerda: «Siembra un pensamiento y cosecharás una acción; siembra una acción y cosecharás un hábito; siembra un hábito y cosecharás entereza; siembra entereza y cosecharás un destino». Por eso el apóstol Pablo dice «llevando cautivo todo pensamiento a la obediencia a Cristo» (2 Cor. 10:5).

Si tú estás en lucha contra la pornografía, te *insto* a que hables con alguien que te estime. No estás solo. En realidad, hay más personas de las que tú crees que tienen esa misma lucha. Por favor, habla con alguien, con un pastor, con tus padres, con un profesor o con un amigo que te escuche y te ayude.

Sexo oral

No hace mucho tiempo atrás tuve una conversación con una muchacha de quince años sobre la relación con su novio. Salía con un muchacho mayor y quería algún consejo sobre cuán lejos debía llegar. Después de haber hablado durante 20 minutos, hizo informalmente un comentario que me desconcertó. Dijo: «Bueno, pero tenemos sexo oral». Lo que me asombró no fue que practicara este tipo de acto (ya que esta tendencia ha venido en aumento en los últimos años), sino la manera despreocupada en que lo mencionó. Lo lamentable era que no se diera cuenta de que la decisión de tener relaciones sexuales orales podría traer nefastas consecuencias en sus futuras relaciones.

El sexo oral puede definirse como el contacto entre la boca de una persona con los genitales de otra.[23] A pesar de lo que mucha gente podría decir, el sexo oral es justo lo que acabo de mencionar ¡sexo! Está dentro de la categoría de lo que la Biblia describe como inmoralidad sexual si se practica fuera del matrimonio. Y esta acción también tiene consecuencias:

- El sexo oral puede ser una ruta de contagio de las enfermedades de transmisión sexual, incluidos el virus del papiloma humano (VPH) y el sida.[24]
- El sexo oral no reduce los riesgos que se corren al practicar el sexo convencional.
- El sexo oral *antes* de casarse con frecuencia produce padecimientos emocionales *en* el matrimonio. El sexo oral puede fijar imágenes en la mente que le impidan a la persona tener una relación íntima verdadera con su futuro cónyuge.

El sexo oral no es un acto común e inocente sin consecuencias. Tiene consecuencias emocionales y físicas para quienes lo practican. *Si un muchacho realmente ama a una chica nunca tendría que presionarla a practicar el sexo oral ni cualquier otra actividad sexual antes de casarse.* Cualquier muchacho que dice amar a una chica pero la presiona a practicar la sexualidad, no le dice la verdad. Y punto.

MANTÉN TU PUREZA

Los jóvenes consideran la abstinencia como un imposible porque algunos adolescentes dicen que de todos modos lo harán. Pero esa perspectiva es un insulto a los adolescentes. ¡Tú no eres un animal! Los adolescentes son, de hecho, tan capaces de controlar sus deseos sexuales como lo son para controlar cualquier otro deseo. He oído comentar: «Puedes vivir con el sufrimiento de tu propio autocontrol o el sufrimiento de tus decisiones más adelante». No hay opción. Pero seamos realistas, seguir las normas de Dios sobre la pureza *es* difícil hoy. Sin embargo, *hay* algunas pocas cosas que una persona puede hacer para ser puro sexualmente.

Primero, es crucial evitar las situaciones que llevan a las tentaciones sexuales. Es interesante ver que la Biblia les dice a los creyentes que *resistan* a Satanás, pero que *huyan* de la tentación sexual.[25] Esto incluye la decisión deliberada de evitar las situaciones potencialmente comprometedoras y evitar el material de estimulación sexual. Por ejemplo, sería sabio no permanecer en una casa juntos, solos, o en realidad en cualquier lugar sin amigos ni supervisión. Cuantas más cosas puedas hacer en grupo, mejor estarás. La Biblia dice que evitemos el mal y todo lo que se le parezca.

Segundo, es importante tener una estructura en donde le rindas cuenta a alguien. Ya sea uno de tus padres, tu pastor o un amigo, todos necesitamos alguien que nos formule las siguientes preguntas difíciles sobre nuestras decisiones: ¿Mantienes tu mente pura? ¿Has establecido las pautas sexuales basándote en la Palabra de Dios? ¿Crees de *verdad* que el plan de Dios para el sexo es lo mejor? ¿Tratas a tu amigo o amiga con dignidad y respeto? ¿Tu relación te acerca a Dios o te aleja?

Tercero, pídele ayuda a Dios. Un estudiante dijo: «Le pedí a Dios que controlara mis pasiones y que me mostrara cómo tener una relación sin llegar a tener relaciones sexuales. Él me ayudó a evitar las situaciones que llevaban a una respuesta sexual». Es importante recordar que Dios está más preocupado por tu vida sexual que tú mismo. Si tú te esfuerzas, Dios te dará la fortaleza.

Perdón y restauración de la pureza sexual

Este capítulo tal vez haya sido algo difícil para ti. Quizá te sientas como esta jovencita: «Tuve relaciones sexuales con mi novio porque pensaba que me debía a él. Después, cuando me di cuenta de que estaba embarazada, él dijo que tenía que hacerme un aborto porque todo era culpa mía. Para ahorrarles a mis padres un dolor de cabeza y seguir con Matt, me hice un aborto. Ahora Matt me dejó. ¿Cómo puede quererme Dios después de todo lo que he hecho? Estoy tan confundida. ¿Cómo Dios puede quererme y perdonarme realmente?»

Con mucha frecuencia escucho a los jóvenes decir: «Si sólo supieras lo que he hecho... no puede ser perdonado». Se me parte el corazón al oír esto porque está demasiado lejos de la verdad. En realidad, la verdad es que *ninguno* de nosotros puede presentarse delante de Dios totalmente puro. Mientras que algunos pueden tener asuntos más dolorosos por los que pedir perdón, *todos* demostramos deficiencias ante los parámetros perfectos de Dios. ¡Por esa misma razón Jesús vino al mundo! Después de todo,

¡si no fuéramos pecadores no necesitaríamos de un Salvador! «Por cuanto todos pecaron y están destituidos de la gloria de Dios», dice Romanos 3:23. ¡Pero no te desesperes! Hay buenas noticias y las puedes hallar en 1 Juan 1:9: «Si confesamos nuestros pecados, él es fiel y justo para perdonar nuestros pecados, y limpiarnos de toda maldad».

Aunque la virginidad física no puede restaurarse, Dios puede restaurar la virginidad emocional y espiritual. Dios puede cicatrizar las heridas emocionales de las experiencias sexuales pasadas y restaurar la esperanza de una persona para que en su matrimonio tenga una relación sexual plena. Una joven lo expresó así en una carta: «Estimada Abby, un pariente me violó cuando era adolescente. Pasé los siguientes cinco años de mi vida en la búsqueda desesperada del amor a través de numerosos y breves encuentros sexuales. Me sentía vulgar y sucia, y estaba convencida de que nadie podría amarme. Luego conocí a un joven especial que me convenció de que Dios me amaba tal como era y que era preciosa ante sus ojos. Entonces dejé mis cargas del pasado, acepté el perdón de Dios y comencé el largo camino de perdonarme a mí misma. Funcionó. Créeme. *Soy libre y feliz*».[26]

Conclusión

Vives en la generación de la historia que más saturada de sexo está. Sin embargo, Dios te llama a tener parámetros más altos. Dios te dice que esperes hasta casarte para tener relaciones sexuales, no porque quiera quitarte la diversión, sino porque quiere protegerte y proveerte. Dios te llama a abstenerte de la inmoralidad sexual y también a llevar una vida pura en tus pensamientos y acciones. Si estás dispuesto ahora, a seguir el plan de Dios para la sexualidad, tendrás una increíble satisfacción en tus futuras relaciones.

Revisión

1. Resume los preceptos de Dios respecto del sexo prematrimonial.

2. Describe los tres principios detrás de los preceptos de Dios sobre la moralidad sexual.

(a) _____

_____

_____

(b) _____

_____

_____

(c) _____

_____

_____

3. Describe de qué manera el carácter de Dios respalda cada uno de estos tres principios.

(a) _____

_____

_____

(b) _____

_____

_____

(c) _____

_____

_____

4. ¿Cuáles son los tres propósitos del sexo?

(a) _____

_____

_____

(b) _____

_____

_____

(c) _____

_____

_____

5. ¿Cuál es la verdad básica sobre los condones?

_____

_____

_____

_____

6. Haz una lista y explica los cuatro fundamentos que indican por qué la gente debe seguir los planes de Dios para tener una vida sexual satisfactoria.

(a) _____

_____

(b) _____

_____

(c) _____

_____

(d) _____

_____

7. Enuncia las fases de la adicción a la pornografía y menciona dos razones que fundamenten por qué mirar pornografía puede ser tan perjudicial para la relación sexual plena.

_____

_____

_____

_____

8. ¿Qué pasos deben darse para ganar la batalla de la pureza sexual?

_____

_____

_____

_____

9. ¿Servimos a un Dios indulgente? ¿Por qué? ¿Por qué no?

10. Si has pedido perdón, ¿Dios perdona tus pecados más allá de lo que has hecho?

Pequeños grupos interactivos

1. Lee el relato de David y Betsabé en 2 Samuel 11:1–12:14. Juntos, en grupo, enuncia todos los errores de David. ¿En qué momento David debería haberse detenido? Cuanto más David avanzó, más difícil se le hizo frenar. ¿Crees que esto también es verdad para ti? Después de que David se derrumbó, trató de cubrirlo de inmediato. ¿Has tratado alguna vez de encubrir tu falla? ¿Cuál fue el resultado? ¿Consiguió David que no lo castigaran por sus acciones? ¿Qué podemos aprender de esta experiencia?

2. Como grupo, hagan una lista de las películas recientes que tratan sobre las relaciones y la sexualidad. Formúlense las siguientes preguntas: ¿De qué manera se presenta el sexo en estas películas? ¿Se muestran las consecuencias del sexo prematrimonial? ¿Por qué creen que los medios de comunicación presentan una falsa imagen de la sexualidad humana? ¿De qué manera específica les afecta la imagen que los medios de comunicación dan del sexo?

3. Reflexiona sobre este concepto: «Siembra un pensamiento y cosecharás una acción; siembra una acción y cosecharás un hábito; siembra un hábito y cosecharás entereza; siembra entereza y cosecharás un destino». ¿Puede un mero pensamiento moldear tu entereza y decidir tu destino? ¿De qué manera esto se relaciona con las opciones en el área de la sexualidad?

CAPÍTULO 6

Las drogas y el alcohol

Propósito

Considerar la información bíblica y científica relacionada con el abuso de las drogas y el alcohol entre los jóvenes de hoy.

En este capítulo aprenderás

- Que dice la Biblia sobre las drogas y el alcohol
- Los hechos sobre las tres drogas más populares entre la juventud
- El propósito detrás de los mandatos de Dios para no abusar de las drogas y el alcohol
- Los pasos que puedes dar para resistir la presión de las drogas y el alcohol

Como todo joven de 17 años, Daniel quería que su noche de graduación fuera inolvidable. Al llegar al salón de fiestas buscó en el bolsillo un par de pequeñas pastillas con dibujos de caricaturas y se las puso en la boca. ¿Cuán perjudiciales podrían ser un par de pastillas que le habían dado sus amigos?, se preguntaba. Sin embargo, Daniel aprendió de la peor manera cuán peligrosas son realmente las drogas.

Temblaba tanto debido a los efectos de la droga que sus amigos tuvieron que ayudarlo para entrar al salón. Y momentos después alcanzó, por el efecto de la droga, el punto más alto. «Luego llegué al tope –dijo Daniel–. ¡Me sentí como una estrella de cine!»[1] Pero más tarde, en la casa de su amigo, cayó en un abismo. Aunque ésa había sido la primera vez que Daniel consumía éxtasis, de inmediato se transformó en un adicto. «Me inicié en las drogas porque no quería sentirme solo», comentó.

Al poco tiempo, Daniel hacía todo lo que podía para alimentar dicho hábito: robar, mentir y, en ciertas ocasiones, vender drogas. Por último, cuando su amiga lo llamó «despreciable» y «drogadicto», comenzó a darse cuenta de hacia dónde iba su vida. «Comencé a drogarme porque sentía que no le agradaba a nadie –comentó–. Después nadie quiso estar conmigo debido a las drogas y terminé completamente solo». Al buscar la felicidad y la realización, este joven se encontró con la adicción, la soledad y la depresión. Por fortuna, Daniel tuvo la valentía de pedir ayuda. Hoy está en un programa de rehabilitación y hace lo posible para que su vida dé un giro. Cuando le preguntan qué le diría a otros jóvenes, responde: «Les digo que salgan de esto mientras puedan. Comienza con mucha diversión, juegos y fiestas, pero te lleva a las peores cosas. Tú mismo te conviertes en tu peor enemigo».[2]

Muchos jóvenes consideran las drogas como uno de los problemas más comunes a los que se enfrentan hoy. En la mayoría de los casos se vuelcan a las drogas en respuesta a otros problemas en su vida. Estoy demasiado familiarizado con los relatos de familias destruidas, padres ausentes y dolor emocional porque trabajo con estudiantes secundarios todos los días. Mi corazón se vuelca sobre los jóvenes que tienen que enfrentarse con asuntos dificultosos a los que Dios nunca quiso que tuvieran que afrontar. Puedo entender por qué tantos jóvenes se inclinan a las drogas con el deseo de encontrar un momento de alivio para la dolorosa realidad de sus vidas. Pero también escucho historias, como la de Daniel, donde las drogas han arruinado vidas. A pesar de que entiendo que muchos de ustedes buscan sentirse mejor, espero y confío en que tú no te dejarás embaucar por la mentira de que las drogas llenarán el vacío en tu corazón. Aunque las drogas puedan ofrecerte un alivio temporario, no te podrán dar más de lo que una venda adhesiva pueda hacer para sanar una pierna quebrada. A decir verdad, son peligrosas y algunas veces ponen en peligro la vida. Sólo la relación con Dios y con otras personas pueden brindarle un verdadero significado a tu vida.

Una perspectiva bíblica sobre las drogas y el alcohol

¡El Hombre Araña es, por lejos, el superhéroe más increíble! Si visitas la clase donde enseño, verás carteles del Hombre Araña por todas partes que me han traído los estudiantes. Cuando niño, siempre soñé tener un sentido como el de la araña. Sólo la idea de colgarme de un edificio a otro para perseguir a Veneno o al Duende Verde era suficiente para sentir la adrenalina.

Mientras crecía, siempre esperaba ansioso a que llegara el miércoles porque era el día en que llegaba la historieta cómica del Hombre Araña al supermercado local. Tan pronto como sonaba el timbre de la escuela, corría hasta el centro para ir a buscar el ejemplar más reciente de la revista *Amazing Spiderman* o *Spectacular Spiderman*. Apenas terminaba de leerla, la guardaba en una bolsa para protegerla de deterioros futuros ocasionados por la luz y el aire. Tenía cuidado de no dañar la calidad de la revista de cómic para que no afectara negativamente su valor. Tal como las tarjetas o los sellos de béisbol, hasta el menor deterioro puede disminuir muchísimo su valor. Hacía todo lo posible por tenerlas resguardadas porque me importaba cada revista de mi colección.

Un día, uno de mis amigos me pidió que le prestara algunas revistas del Hombre Araña para leerlas. Lo hice a regañadientes, aunque confiado en que no las dañaría. Unas semanas después, cuando me las devolvió, me espantó darme cuenta de que había violado el credo del coleccionista: *Nunca harás nada que perjudique el valor de una revista de cómic*. Las había doblado, quitado un par de grapas y rasgado algunas páginas. Decir que estaba furioso sería un gran eufemismo. No podía creer que uno de mis mejores amigos, que sabía cuánto cuidaba mi colección de revistas, tomara algo que yo le había confiado y que lo tratara con tanta irrespetuosidad.

Dios también nos ha confiado algo que no nos pertenece: nuestro cuerpo. El uso de las drogas y el alcohol o la participación de cualquier actividad que perjudique negativamente nuestro cuerpo y nos cause adicciones, está mal por esta misma razón. Maltratar nuestro cuerpo es perjudicar algo que no es de nuestra propiedad. Dios nos da límites y pautas respecto de nuestro cuerpo, no para arruinar nuestra diversión, sino para nuestra seguridad y para su gloria.

Nuestro cuerpo le pertenece a Dios

Durante el primer siglo de la Iglesia, la gente en Corinto era infame porque sobrepasaba los límites que Dios había establecido. En un intento por volverlos a encaminar, el apóstol Pablo escribe la siguiente carta dirigida a toda la Iglesia de Corinto: «¿O ignoráis que vuestro cuerpo es templo del Espíritu Santo, el cual está en vosotros, el cual tenéis de Dios, y que no sois vuestros? Porque habéis sido comprados por precio; glorificad, pues, a Dios en vuestro cuerpo» (1 Cor. 6:19-20).

Una vez que creemos en Jesucristo, le entregamos de manera voluntaria la posesión de nuestro cuerpo a Dios. Perjudicar nuestro cuerpo destruye algo que no es nuestro. Beber y fumar no sólo es ilegal para los adolescentes, sino que también está mal porque le causan un daño a algo que le pertenece a Dios y, además, podría agregar, ¡su obra maestra!

En el pasaje anterior, Pablo compara el cuerpo del cristiano con el templo judío, que el rey Salomón erigió por primera vez. En el templo de Salomón, la presencia de Dios se manifestaba poderosamente para que los hebreos pudieran tener un recordatorio visible de que Él los guiaba. Como el Espíritu de Dios estaba presente en el templo, todos los que entraban tenían que estar absolutamente inmaculados, no se permitían las impurezas. De hecho, sólo el sumo sacerdote podía entrar al lugar santísimo del templo una vez al año para ofrecer sacrificio a Dios en nombre del pueblo. Si el sacerdote no tenía sus vestiduras completamente limpias o si no había confesado algún pecado, moría de inmediato. El templo tenía que estar limpio porque era el lugar donde moraba el Espíritu de Dios.

Desde la muerte y la resurrección de Jesús, el Espíritu Santo ya no vive más en el templo. El Espíritu Santo tiene una nueva morada. «¿No sabéis que sois templo de Dios, y que el Espíritu de Dios mora en vosotros? Si alguno destruyere el templo de Dios, Dios le destruirá a él; porque el templo de Dios, el cual sois vosotros, santo es» (1 Cor. 3:16-17). ¿Qué significa esto para nosotros? Significa que el Señor nos llama a ser santos porque nos ha elegido para que nuestro cuerpo sea su hogar. Como el Espíritu de Dios vive en nuestro cuerpo, debemos hacer todo lo que podamos para honrar su presencia. Cualquier cosa que deteriore nuestro cuerpo destruye la morada de Dios.

Por favor, entiende que esto *no es una teoría*. Esto es un hecho, y una de las piedras angulares de nuestra fe, que hace que el cristianismo sea totalmente único. El Dios del universo vive dentro de ti. ¿Con qué frecuencia reflexionas sobre esto? Cada vez que pienso en eso, ¡esta idea me deja perplejo!

Dios ama nuestra mente

Una vez le preguntaron a Jesús cuál era el mandamiento más importante de Dios. Él respondió: «Y amarás al Señor tu Dios con todo tu corazón, y con toda tu alma, y con toda tu mente y con todas tus fuerzas» (Mar. 12:30). En otras palabras, tenemos que amar a Dios con todo lo que tenemos, nuestra mente incluida. Esto significa que, excepto el Espíritu Santo, nada nos controlará. Cualquier cosa que contamine nuestra mente, como la pornografía o cierto tipo de drogas y alcohol, nos impide amar a Dios de la manera que debemos hacerlo. Si a nuestras habilidades mentales las controla algo que no es el Espíritu Santo, hemos perdido el poder de Dios en nuestra vida.

Tal como un virus en la computadora, el abuso de la droga y el alcohol destruye el funcionamiento apropiado de la máquina. No hace mucho me di cuenta de que mi computadora funcionaba más lenta que lo normal y no podía entrar en Internet. Cada vez que intentaba conectarme recibía una señal que decía: «Intento de conexión fallido». Un virus simple afectó el funcionamiento de toda mi computadora y me llevó semanas (y un gran gasto) encontrar el problema y solucionarlo.

Las drogas y la ebriedad infectan nuestra mente de la misma manera. Cuando dejas de tener el control de tu mente, le abres la puerta al desengaño y a la manipulación. Si permites que controlen tu mente, entonces pierdes tu habilidad de funcionar tal como te diseñaron. En realidad, pierdes el derecho a tu libertad. De la misma manera que es imposible usar una computadora infectada por un virus, es imposible vivir en el poder del Espíritu Santo con una mente a la que controlan las drogas y el alcohol. Pablo nos pide que a nuestra mente la controle el Espíritu Santo y no fuerzas externas. Sólo cuando esto suceda experimentarás la verdadera libertad.

LAS DROGAS Y EL ALCOHOL EN LA BIBLIA

La Biblia tiene bastante para decir sobre el uso y el abuso del alcohol. Es interesante mencionar que no es el consumo de alcohol lo que está mal, sino el abuso. En realidad, en las circunstancias adecuadas, el alcohol no es una cosa mala. En la carta al joven Timoteo, Pablo lo anima a tomar algo de vino para mejorar su estómago (1 Tim. 5:23). Jesús, en su primer milagro, transformó el agua en vino en una boda en Galilea. Muchos eruditos han demostrado que el vino en los tiempos de Jesús era menos fuerte que los productos actuales. Sin embargo, la Biblia aclara que el abuso del alcohol es un pecado grave que puede tener consecuencias devastadoras. Con frecuencia es una inocente bebida que le abre la puerta a un abuso futuro. Las Escrituras en repetidas ocasiones dicen que la embriaguez es un pecado (Gál. 5:21; Deut. 21:20-21). Proverbios 20:1 también nos advierte sobre los peligros de las bebidas alcohólicas: «El vino es escarnecedor, la sidra alborotadora, y cualquiera que por ellos yerra no es sabio».

Muchas de las culturas que existían en la época del Antiguo y del Nuevo Testamento practicaban la magia y la hechicería. En el idioma original en el que el Nuevo Testamento se escribió, la palabra que se traduce «hechicería» con frecuencia es *pharmakeia*, de donde proviene el vocablo español «farmacia». En la antigüedad, la droga se usaba en la hechicería. Era imposible separar el uso de las drogas de la práctica de la hechicería y la magia. Por eso Pablo condena de modo estricto tales prácticas en Gálatas 5:19-21.

Aunque muchas personas hoy usan drogas sólo para sentirse bien, no puede dejarse de lado la relación con lo oculto. Es interesante ver que en un artículo de la revista *Psychology Today*, un cuarto de los consumidores de marihuana comenta que una persona o poder malvado los controló durante el efecto alucinógeno de la droga. Y más del 50% afirma haber experimentado sensaciones religiosas o espirituales con seres espirituales.[3] A pesar de que no podemos llegar a entenderlo por completo, hay una relación entre las drogas y lo oculto que no se puede negar. Cualquier seguidor de Jesús debe mantenerse alejado de las drogas tanto como le fuera posible.

Tipos de drogas

El alcohol

«Todos los que conozco beben, y mucho». Lo que me sorprendió cuando oí esto fue que no venía de un conocido fiestero de mi escuela, sino de un buen estudiante que era parte del liderazgo. Es evidente que el alcohol es la droga por la que los jóvenes optan. El alcohol es exactamente eso, una *droga*. Mientras que mucha gente no quiere considerar al alcohol como una droga, los hechos científicos son indiscutibles. El alcohol desvirtúa el juicio y es sumamente adictivo.

Por eso el rey David emborrachó a Urías. Recuerda que David se había acostado con Betsabé, esposo de Urías, cuando éste estaba en la guerra. A David le llegó el comentario de que Betsabé estaba embarazada. Desesperado, por ocultar su pecado, hizo traer a Urías para que durmiera con Betsabé, con la esperanza de absolver su transgresión. Pero como el hombre se negó a acostarse con su esposa mientras su país estuviera en guerra, David lo embriagó totalmente y lo envió a su casa a estar con ella. David hizo que Urías se emborrachara porque sabía que hay un principio básico sobre el alcohol: *el alcohol deteriora la capacidad de emitir juicios acertados*. David pensó que al emborrachar a Urías, su raciocinio se afectaría y tomaría una decisión que no habría tomado de mantenerse sobrio. Por eso con frecuencia los casos de violación, agresión y robo entre los jóvenes se relacionen con el alcohol. Las personas, en resumen, hacen cosas cuando están borrachas que no las harían normalmente. Cuando tú te embriagas, pierdes la libertad de pensar y actuar con claridad.

LA MARIHUANA

La marihuana proviene de una planta de cáñamo que crece en muchas partes del mundo. Aunque alguna vez fue una droga oculta, hoy su uso es popular en nuestra cultura, y hay demasiado debate y malentendido sobre sus efectos. Lo común es que la marihuana se fume para crear un estado relajado de éxtasis. Pero, ¿hay efectos negativos en su uso? Veamos lo siguiente. ¿Alguna vez oíste la excusa poco convincente de que «la marihuana es una droga inocua? Dile a esta persona que se informe bien. La marihuana con frecuencia hace que los atletas pierdan la coordinación. Pero éste es sólo uno de los muchos efectos secundarios de la droga. También te podrías olvidar del teléfono de tu mejor amigo, hacer que tus calificaciones en la escuela bajaran considerablemente o tener un accidente de tránsito. O aún peor, considera algunos de los efectos secundarios más serios que esta droga produce:[4]

- Puede desencadenar un cáncer o ataque cardíaco. De hecho, el humo de la marihuana tiene más agentes cancerígenos que el tabaco.
- Daña las células cerebrales y pulmonares y con frecuencia produce infertilidad en el hombre.
- Los expertos la consideran como una «droga de entrada» porque con frecuencia lleva a consumir drogas más peligrosas, como el *speed* (nombre vulgar con el que se conoce a la anfetamina en polvo) y la cocaína.

EL ÉXTASIS

Al éxtasis se lo considera una «droga de club» porque con frecuencia se lo usa en fiestas bacanales o bares y clubes de baile nocturnos. El éxtasis no proviene, como la marihuana, de una planta, sino de componentes químicos de laboratorios clandestinos. Los fabricantes le agregan químicos como la cafeína y la cocaína, que causan la calidad de la droga en cuestión. Por lo general, la droga viene con un dibujo del ratón Mickey o del pajarito Tweety estampada en la píldora.

Como la mayoría de las demás drogas, el éxtasis parece ser una droga sumamente adictiva. A los quince minutos de tomar la píldora, tiene la característica de producir un clímax que, con frecuencia, hace que la persona pueda bailar frenéticamente durante horas. El efecto dura por lo común entre tres y seis horas. Pero como todas las demás drogas, tiene un sustancial inconveniente. Después de ese efecto inicial, el consumidor experimenta depresión, soledad, tristeza y ansiedad. Además de esto, el éxtasis tiene muchos otros peligros. Considera algunos de los efectos perjudiciales:[5]

- Puede producir tensión muscular, rechinamiento de los dientes, nauseas, visión borrosa, desmayo, escalofríos o exudación.
- Aumenta la presión arterial y el ritmo cardíaco.
- Puede causar confusión, depresión, problemas para dormir, miedo extremo y ansiedad.
- En dosis altas, puede desencadenar tanto problemas de corazón, convulsiones, anomalías del hígado y riñón como la paralización muscular.
- Tiene relación con muchas muertes de adolescentes.

El propósito de la norma de Dios

Nunca olvidaré una conversación que tuve con David, un compañero de trabajo en las Olimpíadas que se desarrollaron en Atlanta, los Estados Unidos, en 1996. Mientras vendía en un puesto camisetas, tuve la oportunidad de conocer a muchas personas excepcionales que habían viajado desde todo el mundo para ver las Olimpíadas. David era alcohólico y constantemente necesitaba una cerveza o un vaso de vino para poder sobrellevar el día. A pesar de que sabía que yo era cristiano, nunca hablamos sobre religión, Dios ni moralidad. En medio de una conversación sobre deportes, él, al azar, me largó estas palabras algo desafiantes: «Sabes que tengo la libertad de beber si lo deseo». Lo pensé por un momento y le respondí: «Estoy de acuerdo con que tienes la libertad de beber si lo deseas. Pero, ¿eres libre para *no* beber?» Mi cuestionamiento era simple: Él sólo era libre para beber si podía elegir no beber. Pero la verdad es que era un esclavo, un esclavo de su problema con la bebida. Había perdido la libertad en el momento en que su conducta se había transformado en una adicción.

David había comenzado a beber cuando estaba en la escuela secundaria. «¿Y qué? –reflexionó–. Comparto un par de cervezas con mis amigos de la clase». No tenía idea de que lo que consideraba una actividad inofensiva con sus amigos llegaría a destruir su familia, su carrera y su reputación. Piensa por un momento. ¿Crees que el adolescente que fue a una fiesta con sus amigos a beber cerveza por primera vez tiene la *intención* de convertirse en un padre alcohólico a quien su familia le tiene miedo y su comunidad desprecia? ¿Crees que una estrella del fútbol que usa esteroides para obtener una beca en la universidad tiene la *intención* de que su carrera termine debido a los dolorosos efectos secundarios? ¿Crees que una joven porrista bonita y popular *a propósito* se hará adicta a las drogas para terminar en un programa de rehabilitación y con el deseo de que su vida termine?

¡Por supuesto que no! Tristemente, cada uno de estos jóvenes tenía sueños y metas que truncó la misma cosa que ellos creían les daría un alivio temporario. Cada día veo jóvenes que toman estas mismas decisiones. Por eso Proverbios 14:12 dice: «Hay camino que al hombre le parece derecho; pero su fin es camino de muerte».

Tú podrías pensar que *no es para tanto. Sólo quiero compartir unas cervezas con mis amigos. No me engancharé.* Pero tienes que darte cuenta de que la adicción *siempre* empieza de a poco. Mucha gente ha cambiado el curso de toda su vida por mera experimentación. En verdad, *cualquiera* puede volverse un adicto. Si piensas que no te podría pasar a ti, entonces eras aún más vulnerable porque eres demasiado orgulloso para admitir tu debilidad. Decir que eres invencible es ridiculizar a Dios: «No os engañéis; Dios no puede ser burlado: pues todo lo que el hombre sembrare, eso también segará» (Gál. 6:7). Podría ser una batalla resistir, pero Dios está contigo y Él honrará tus decisiones.

¿Cómo puedo resistir?

Resistir a las drogas y el alcohol no es fácil para muchos jóvenes. Todos queremos integrarnos y que nos acepten. Nadie quiere que lo dejen de lado. Cuando parece que «todos beben», se vuelve especialmente dificultoso ir contra la corriente. Tampoco es fácil porque los medios de comunicación respaldan mucho la idea de que beber es «estupendo». La televisión describe un mundo maravilloso donde la gente bebe, fuma y la pasa sensacional sin tener que enfrentar ninguna de las consecuencias de la vida real. Los avisos de cerveza hacen que parezca un factor necesario, y presentan como diversión algunas cervezas para que te las tomes con tus amigos. Muchos estudiantes que conozco experimentan con alcohol por la sencilla emoción que acarrea la experiencia. Parece que hay algo cautivador en hacer algo que está mal y no tener consecuencias. Otros beben simplemente para apaciguar el dolor que les produce el rechazo, la depresión y el fracaso en sus vidas. Entonces, ¿qué puede hacerse para resistir tal presión?

Después de algunos años de haber contraído el virus del sida, Magic Johnson creó una serie de audio para ayudar a la juventud a tomar decisiones responsables respecto del sexo. El estudiante que escucha esta serie se enfrenta con una lista de preguntas que debe formularle a la pareja con quien considera tener relaciones sexuales. Hay preguntas como: «¿Has tenido relaciones sexuales con otro hombre o mujer en los últimos seis meses?» o «¿Has usado drogas por vía endovenosa?» Mientras que éstas serían preguntas importantes para hacerle a cualquier potencial pareja con la cual tener relaciones sexuales, la realidad es que los adolescentes se meten en situaciones comprometedoras cuando ya es demasiado tarde para averiguar estas cosas. Por eso las normas sexuales deben establecerse *antes* de llegar a tal situación. Lo mismo se aplica al caso de las drogas y el alcohol. AHORA es el momento de determinar que vivirás según las normas de Dios. Si esperas hasta el momento en que sientas presión, será demasiado tarde. Aquí tienes algunos pasos que pueden ayudarte:

- *Determina tener amigos que no te lleven por el camino de la adicción.* Debes tomar una decisión a conciencia para alejarte de las personas que se divierten con cosas que son abusivas y destructivas. Busca amigos con tus mismas convicciones.
- *Determina no estar en una situación potencialmente comprometedora.* Cuando estaba en la escuela secundaria les prometí a mis padres que nunca bebería y que tampoco dejaría que nadie que hubiese tomado aunque sea un sorbo de alcohol subiese a mi auto. También rechacé estar en fiestas donde no hubiese ningún padre. Permíteme animarte a que hagas un compromiso similar.
- *Determina buscar ayuda de gente cuando tienes problemas, en vez de escaparte de éstos o lidiar solo con ellos.* Hay una cosa que es inevitable en esta vida: Te enfrentarás a problemas. Tendrás dificultades y padecerás. En vez de evitarlos, determina enfrentarlos con la ayuda de Dios y de los demás.

Conclusión

Las drogas y el alcohol son dos presiones mayúsculas que la juventud experimenta hoy. Aunque las drogas prometen una vida de diversión y desahogo, la verdad es que llevan al abandono y al dolor. Dios no nos dice que evitemos las drogas para arruinarnos la diversión, sino porque nos quiere libres. Dios quiere liberarnos de la destrucción que con frecuencia resulta de experimentar con las drogas y el alcohol. Dios quiere que nuestra vida sea pura para que su Espíritu Santo pueda morar en nosotros con poder para vivir una vida plena y significativa.

Revisión

1. ¿Por qué es importante que nuestro cuerpo no sea de nuestra propiedad?

_____

_____

_____

_____

_____

2. ¿Por qué Dios no quiere que las drogas y el alcohol controlen nuestras facultades mentales?

_____

_____

_____

_____

_____

3. ¿Qué dice la Biblia sobre el uso de drogas y alcohol?

_____

_____

_____

_____

_____

4. Explica algunos efectos secundarios de cada una de estas drogas:

(a) Alcohol _____

_____

_____

(b) Marihuana _____

_____

(c) Éxtasis

5. ¿Por qué Dios nos da una norma en lo que respecta a las drogas y al alcohol?

6. ¿Cómo se puede resistir el abuso de la droga y del alcohol?

Pequeños grupos interactivos

1. ¿Qué cosas crees que los estudiantes buscan realmente cuando eligen consumir drogas e ingerir alcohol? ¿Es por la simple emoción del momento o un deseo más profundo?

2. ¿De qué maneras creativas los estudiantes pueden divertirse, crear un sentido de comunidad y disfrutar sin tener que recurrir al alcohol y a las drogas? ¿Qué puedes hacer para acercarte a la juventud de tu comunidad que busca divertirse?

3. Lee Proverbios 23:29-35. Según este pasaje, ¿qué les sucede a las personas cuando le dan lugar en sus vidas al alcohol?

CAPÍTULO **7**

Defiende la vida

Propósito

Entender los fundamentos bíblicos, científicos y filosóficos de la postura en favor de la vida y ser capaz de responder a las objeciones comunes

En este capítulo aprenderás

- Qué dice la Biblia con respecto al aborto
- Qué dicen las Escrituras en relación al comienzo de la vida
- Los asuntos filosóficos relacionados con la condición del ser que aún no ha nacido
- Un caso científico de tres pasos para defender al aún no nacido
- Cómo responder a las objeciones proabortistas más comunes

Imagínate que eres una joven embarazada con tuberculosis. El padre del que llevas en tu vientre es un alcohólico de mal carácter con sífilis, una enfermedad que se transmite por contagio sexual. Ya tuviste cuatro hijos. Uno es ciego, otro murió pequeñito, el tercero es sordomudo. Y el cuarto tiene tuberculosis, lo mismo que tú. ¿Qué harías en dicha situación? ¿Considerarías hacerte un aborto? Si haces esto, terminarás con la vida de un valioso ser humano, independientemente de las posibles dificultades que pueda llegar a ocasionarte esa acción. Por fortuna, la joven que tenía este verdadero dilema eligió la vida. De lo contrario, nunca podríamos haber escuchado la *Quinta Sinfonía* de Beethoven, porque esta joven era su madre.

El aborto es un asunto demasiado personal para mí. Mis padres adoptaron a mi hermana menor cuando ésta tenía apenas cuatro semanas. A pesar de que yo estaba en cuarto grado en ese momento, nunca olvidaré la primera vez que tomé en mis brazos a esa bebé recién nacida. Como todos los recién nacidos, pesaba apenas unos pocos kilos y era tan preciosa e inocente... Hoy es una bella joven con un gran amor por los niños. Su madre era una adolescente soltera que no tenía preparación alguna para hacerse cargo del recién nacido. Aunque podría haber elegido hacerse un aborto, nuestra familia está agradecida de que ella haya tomado la decisión adecuada al elegir la vida. A pesar de que el embarazo podría haber sido un inconveniente, la madre natural comprendió que los fetos también son seres humanos valiosos. Es difícil para mi familia imaginar lo que serían nuestras vidas sin la bendición de mi hermana Heather.

A medidas que leas este capítulo, ten por favor una cosa en mente: El aborto no es un asunto meramente académico, sino que nos involucra a *todos*. Todos podemos agradecer que nuestros padres estuvieron a favor de la vida, porque si no, *ninguno* de nosotros estaría acá.

La base bíblica sobre el aborto

Aunque la Biblia nunca dice explícitamente que el aborto es un asesinato ni «no abortarás», las Escrituras están, de forma inequívoca, a favor de la vida. Las Escrituras no mencionan directamente el tema del aborto porque para una mujer israelita no era ni siquiera necesario mencionar eso en el código legal. Primero, porque a los hijos se los consideraba una bendición de Dios (Sal. 127:3). Segundo, porque Dios es el soberano absoluto de lo concebido en el vientre (Gén. 29:33; 1 Sam. 1:19-20). Y tercero, porque el no tener hijos se lo veía como una maldición (Deut. 25:6). La Biblia no menciona el aborto porque era inconcebible para la mente hebrea.[1]

No obstante, se puede elaborar un poderoso argumento contra el aborto al entender los principios de las Escrituras. Como la Biblia prohíbe con claridad quitar la vida de inocentes (Ex. 20:13), la pregunta clave aquí para fundamentar la postura contra el aborto es si las Escrituras consideran al ser que aún no ha nacido como un ser humano hecho a la imagen de Dios. ¿Valora Dios de igual manera la vida de los que nacieron y de los que aún no nacieron?

Una respuesta a esta pregunta está en darse cuenta del lenguaje que la Biblia usa para describir las diferentes etapas del desarrollo humano. Es extraordinario ver que las mismas palabras se usan en el Antiguo y el Nuevo Testamento para describir al bebé que nació y al que aún no lo ha hecho.

Por ejemplo, en el Nuevo Testamento la palabra griega *brefos* se utiliza con frecuencia para el niño pequeño, el recién nacido y el que aún no nació (Lucas 1:41,44; 18:15; 1 Ped. 2:2), para indicar que Dios ve todas las etapas del desarrollo humano de igual manera. En el Antiguo Testamento la palabra hebrea *geber* se usa para referirse a una persona en el momento de la concepción pero también para a un hombre adulto (Job 3:3; Ex. 10:11; Deut. 22:5; Jue. 5:30). La popular diferencia entre la «vida potencial» del feto y la «vida existente» del recién nacido no está en las Escrituras. Cada etapa de la vida humana tiene igual valor ante los ojos de Dios.

LA CONCEPCIÓN, COMO PRINCIPIO DE LA VIDA HUMANA

La Biblia menciona la concepción en repetidas ocasiones como el comienzo de la historia de los seres humanos. Génesis 4:1 dice: «Conoció Adán a su mujer Eva, la cual *concibió* y dio a luz a Caín». Job, en su desdicha, exclamó: «Perezca el día en que yo nací, y la noche en que se dijo: Varón es *concebido*» (Job 3:3). Cuando David confiesa el asesinato y el adulterio, expresa su tendencia innata a pecar desde el momento de su concepción: «He aquí, en maldad he sido formado, y en pecado me *concibió* mi madre» (Sal. 51:5).

DIOS SE REFIERE A QUIEN AÚN NO HA NACIDO

En otros pasajes, Dios se refiere al *non natus*. Job 31:15 asevera: «El que en el vientre me hizo a mí, ¿no lo hizo a él? ¿Y no nos dispuso uno mismo en la matriz?» Salmo 139:13-14 declara: «Porque tú formaste mis entrañas; tú me hiciste en el vientre de mi madre. Te alabaré; porque formidables, maravillosas son tus obras; estoy maravillado». Dice Dios en Jeremías 1:5: «Antes que te formase en el vientre te conocí, y antes que nacieses te santifiqué, te di por profeta a las naciones». Acá se evidencia la relación personal que Dios tenía con Jeremías desde el vientre de su madre tanto como durante los últimos tiempos de su ministerio profético.

LA IGUALDAD QUE TIENE EL SER QUE AÚN NO NACIÓ

Otro argumento bíblico que valora la vida del ser que está en el vientre materno está en Éxodo 21:22-23: «Si algunos riñeren, e hirieren a mujer embarazada, y ésta abortare, pero sin haber muerte, serán penados conforme a lo que les impusiere el marido de la mujer y juzgaren los jueces. Mas si hubiere muerte, entonces pagarás vida por vida».

Este pasaje parece indicar que si la mujer da a luz en forma prematura pero no hay perjuicio para el bebé, entonces sólo se aplicará una multa.

Pero si el bebé (o la madre) muere, el ofensor debe pagar con su vida. Matar a alguien que todavía no ha nacido tiene la misma penalidad que matar a un niño, aun si el daño fue accidental. Este pasaje demuestra una postura significativa: ¡Si Dios demanda tal severo castigo por la muerte *accidental* de un feto, cuánto más duramente debe Él juzgar el aborto hecho *adrede*!

Algunos defensores del aborto interpretan que la muerte del feto requiere de una multa, en tanto que la muerte de la madre requiere la vida del malhechor. Por lo tanto, con frecuencia se argumenta que el feto es meramente un potencial de la vida humana y que no merece dársele el mismo nivel de derechos legales que tiene una persona adulta. Esta interpretación, sin embargo, tiene dos problemas principales. Primero, el término hebreo para «aborto espontáneo» no se usa aquí. En cambio, el término «nacimiento prematuro» tiene connotaciones de un nacimiento vivo. La criatura, en este pasaje, no murió, sino que nació en forma prematura. Por consiguiente, no hay precedente para considerar que el ser que no ha nacido tiene menos valor que la madre. Segundo, si este pasaje se refiriera inclusive al «aborto espontáneo», tampoco proporciona suficiente defensa para el aborto porque el agravio fue accidental, sin intención (como sí lo es el aborto).

Cuando Dios mira al que aún no nació no ve una masa de tejido con el potencial de transformarse en un ser humano. Más bien, lo que se presenta en la concepción se considera igual a lo que se presenta en el nacimiento. Una mujer no concibe un conglomerado de células sino un ser humano, niño o niña. La Biblia da testimonio del entrañable cuidado que Dios tiene por los que aún no nacieron.

El argumento científico

Mucha gente cree de forma errónea que el aborto es un mero asunto religioso o filosófico. Pero esto es falso. En primer lugar es una cuestión científica y, más específicamente, biológica. Lo que la actual información científica ha inferido es inequívoca: La concepción determina el principio de la vida humana En verdad, antes del caso Roe vs. Wade en los tribunales estadounidenses, cuando en 1973 se legalizó el aborto, casi todos los libros de medicina enseñaban o asumían que la concepción era el comienzo de la vida humana.[2] Este suceso está tan bien documentado que ningún científico intelectualmente informado y sincero puede negarlo.

En los años recientes, las innovaciones tecnológicas nos han permitido ver todo el proceso del desarrollo humano desde el comienzo de la concepción. ¡Este proceso sólo puede describirse como milagroso![3]

- *La concepción:* El comienzo de la vida. Toda la información, como el color de los ojos, el género, la altura y la capacidad cerebral, la contiene el ADN de 46 cromosomas dentro de una diminuta célula. Ni siquiera un especialista en genética puede distinguir entre el ADN de un embrión humano y el de un adulto humano.
- *La implantación:* En el sexto día, el individuo busca la protección dentro de las paredes del útero materno. Las células del embrión comienzan el proceso de división y forman el cuerpo y los órganos del niño.
- *El latido del corazón:* A los 21 días, el corazón empieza a latir. Late rápidamente a la tercera semana y continuará así por el resto de la vida del individuo.
- *Los impulsos eléctricos cerebrales:* A la sexta semana, el cerebro forma sus funciones básicas. En esta etapa, el cuerpo del feto se desarrolla y también son perceptibles sus dedos, labios y boca.
- *Los sistemas de órganos están en su sitio:* En la novena semana todas las estructuras del cuerpo están presentes y el embrión se transforma en feto. La criatura tiene huellas digitales, párpados, uñas y puede tomar un objeto con su mano.
- *El movimiento:* A las doce semanas la ecografía les permite a los padres observar cómo se mueve su hijo en el útero, aunque la madre todavía no puede sentirlo.
- *La primera sensación de movimiento del feto que la madre percibe:* A las 16 semanas, el feto es lo suficientemente grande y activo como para que la madre sienta sus movimientos. En esta etapa mueve los dedos de las manos individualmente y los del pie, y hasta cierra la mano.
- *El oído:* En la vigésima semana comienza a responder a la estimulación fuera del útero. Es altamente sensible a las emociones de estrés, placer y entusiasmo de la madre.
- *La viabilidad:* A las 23 semanas el feto ya puede sobrevivir fuera del útero de la madre. En raros casos ha sobrevivido antes de las 19 o 20 semanas. En esta etapa el feto puede descansar en la palma de la mano de un adulto.

LOS TRES PASOS DEL ARGUMENTO CIENTÍFICO

Hace poco visité un centro para la mujer embarazada en crisis. Recorrí el lugar con el director, quien me mostraba los métodos que su personal usaba para virtualmente convencer a las mujeres embarazadas que consideraban abortar, de que dieran a luz. ¿Sabes cuál es el método que ponen en práctica para convencer a casi todas las mujeres de que se queden con sus hijos? La ecografía. Cuando pueden ver las imágenes del que está en su vientre, de inmediato se dan cuenta de que se trata de un precioso ser humano que aún no nació y que merece que lo protejan. Sin embargo, ésta es una conclusión que no se alcanzó sólo por medio de la observación, sino que también se fundamenta ampliamente por los datos científicos.

El argumento científico de la postura en pro de la vida tiene tres pasos clave.[4] El primer *paso consiste en mostrar que el ser que aún no ha nacido está vivo*. Los defensores del aborto a menudo manifiestan escepticismo al decir: «Nadie sabe cuándo comienza la vida». Pese al recurso emocional de este argumento, es simplemente falso. Gregory Koukl advierte: «La madre y el padre están vivos. También lo están el esperma y el óvulo. El cigoto que se formó de dicha unión está vivo, tal como lo está el feto durante todo el plazo del desarrollo. En definitiva, el niño que nace está vivo».[5] No hay una etapa en el proceso de desarrollo donde el ser que aún no ha nacido no esté vivo.

El segundo *paso del argumento a favor de la vida es demostrar que el feto es un individuo separado de la madre*. En términos biológicos, es un hecho científico que la madre y el feto son dos individuos diferentes. Considera las siguientes evidencias:

- Muchas mujeres tienen bebés con diferente tipo de sangre que la de ellas mismas.
- Una mujer puede tener un bebé varón.
- El feto tiene un ADN diferente al de la madre.
- Si un embrión de padres de raza negra se trasplanta en el útero de una madre de raza blanca, ella tendría un bebé negro.
- Desde el comienzo del desarrollo el feto tiene sus propios pies, manos, piel, ojos y corazón.

El tercer paso del argumento en pro de la vida demuestra que el individuo es un ser humano. Un sencillo evento de la vida será de ayuda aquí: Los seres reproducen su propia especie. Greg Koukl lo explica así. «Un nuevo ser puede provenir de padres vivos, y estos padres se reproducen de acuerdo con su propia especie. Los perros engendran perros, los lagartos engendran lagartos, las bacterias reproducen bacterias, etc.»[6]

Por lo tanto, si queremos saber qué descendencia será, podemos preguntarnos: ¿Qué tipo de padres tiene? Como los seres se reproducen según su especie, de la unión de dos seres humanos resulta otro ser humano. Por lo tanto, en el momento de la concepción, la criatura que aún no nació es un ser vivo y un individuo independiente de su madre.

El argumento filosófico

¿EN QUÉ MOMENTO EL FETO SE TRANSFORMA EN UN SER HUMANO?

La mayoría de la gente está de acuerdo con que el feto *ya es* un ser humano desde el momento de la concepción o *se convierte* en un ser humano en algún momento del proceso de gestación. Casi todos estarían de acuerdo con que el feto es, al nacer, un ser humano con plenos derechos humanos. Por eso la pregunta crucial de este debate es: ¿Cuándo el feto se transforma en un ser humano? Se han considerado varios momentos decisivos.

Pero antes de mencionarlos, debemos presentar un asunto preliminar. Muchos sugieren que nadie sabe con seguridad cuándo comienza la vida. Con frecuencia se argumenta que el asunto no puede resolverse de manera concluyente, por lo que debería dejarse a la decisión personal del individuo. En otras palabras, como los científicos y los filósofos no han llegado a un acuerdo sobre el momento en que la vida comienza, debería quedar a discreción de cada individuo.

A pesar de que esto podría resultar interesante en primera instancia, dicho enfoque es demasiado problemático, y acá explico por qué. Considera este ejemplo: Si yo tuviera que derrumbar un edificio pero no hay seguridad de que haya alguien con vida adentro, ¿debería proseguir? Por supuesto que no. Ronald Reagan afirmó lo mismo: «Cualquiera que no esté seguro de que se hable sobre una segunda vida humana debería claramente otorgarle el beneficio de la duda. Si tú no sabes si un cuerpo está vivo o muerto, nunca deberías enterrarlo».[7] En consecuencia, si existe alguna duda respecto del comienzo de la vida humana, deberíamos fallar a favor de la vida. El beneficio de la duda debe ser para preservar la vida. El peso de la prueba descansa sobre quien quita la vida para demostrar que no hay vida.

Entonces, ¿cuándo nos convertimos en completos seres humanos? Los defensores del aborto han determinado algunos «momentos decisivos» en que esto ocurre.

VIABILIDAD

Es probable que el momento decisivo más comúnmente propuesto sea el de la viabilidad. *La viabilidad* es el momento en que un feto puede sobrevivir fuera del útero con la tecnología disponible comúnmente. En otras palabras, tan pronto como el feto puede sobrevivir fuera de la protección y el sustento del útero de la madre, se transforma en un ser humano. Un problema con la viabilidad es la dificultad para evaluarlo con cierto grado de exactitud. La capacidad de los fetos para vivir fuera del ambiente uterino debido a las innovaciones tecnológicas, cada vez se acerca más y más a la concepción. Por el momento, la viabilidad comienza a las 23 semanas o antes. Pero como la tecnología avanza, ¿no sería factible que se pudiera llevar a 20, 18 o hasta 15 semanas? En realidad, con el desarrollo del útero artificial, ¿por qué debería de haber un límite? Tal como lo ha observado el doctor Scott B. Rae: «La viabilidad se relaciona más con la tecnología médica para sostener la vida fuera del útero que con la esencia del feto».[8] La viabilidad no es un parámetro suficiente para determinar el comienzo de la vida humana.

El desarrollo cerebral

Otro momento decisivo propuesto comúnmente, es el funcionamiento cerebral que se da a comienzos del embarazo. Como la muerte se define como la pérdida de la actividad cerebral, ¿no debería determinar el comienzo? Esta proposición es más atractiva, pero también problemática. Por un lado, cuando la persona muere, la condición del cerebro es irreversible. Pero en el desarrollo del feto la condición es sólo temporaria. Desde el momento de la concepción, el cerebro tiene la total capacidad para desarrollarse, pero en la muerte esta capacidad se perdió definitivamente. Aunque estemos de acuerdo con que la función cerebral determina el comienzo de la vida, la mayoría de los abortos se da después del inicio del funcionamiento del cerebro, por lo que este criterio no podría justificar la mayoría de ellos.

Capacidad de percepción

Es el momento en que el feto comienza a tener sensaciones, en particular, dolor. El apelativo de esta propuesta es que si el ser que aún no nació no puede percibir el dolor, entonces el aborto es menos cruel y por lo tanto menos problemático. Acá tenemos una razón para creer que la capacidad de percepción no es lo que nos constituye en seres humanos: Esto confunde las *sensaciones* de peligro con la *realidad* del peligro. Es un error común asociar necesariamente la sensación de dolor con la existencia del daño. Por ejemplo, si no puedo sentir el dolor en las piernas debido a la parálisis, aún estoy expuesto a padecer el daño si alguien me lesiona una pierna. Hay muchas personas que no pueden sentir dolor, pero eso no las hace menos importantes y valiosas. Por ejemplo, los que están afectados por la anestesia, en un coma irreversible, o los que sufren de lepra y no pueden sentir el dolor, tampoco son seres humanos menos importantes. Nuestra capacidad para percibir el dolor no es lo que nos da el valor como personas.

PRIMERA SENSACIÓN DE MOVIMIENTO DEL FETO QUE LA MADRE PERCIBE

Durante muchos años, en particular antes del surgimiento de la tecnología avanzada, se creía que aquí comenzaba la vida humana. La primera sensación de movimiento del feto que la madre percibe ocurre alrededor del cuarto mes de embarazo. En esta etapa, el corazón del feto ya tiene latidos, el cerebro ya desarrolla sus funciones básicas, cuenta con los órganos principales y se ha movido durante siete u ocho semanas.

El problema con este método para determinar el valor como ser humano es que se puede responder con unas pocas preguntas simples: ¿De qué manera la naturaleza del feto puede depender de la conciencia que la madre tiene de esta primera percepción de movimiento? ¿Y si la madre estuvo regularmente ebria durante el embarazo y no sintió el movimiento del feto? ¿Y si estuvo adormecida? Estas preguntas revelan cuán ridículo es determinar la naturaleza del feto por medio de las sensaciones físicas de la madre.

A la luz de la presentación previa, la mejor conclusión es determinar que la vida humana comienza en la concepción. El argumento podría definirse de esta manera:[9]

1. La concepción marca el comienzo de la etapa de crecimiento de un organismo que terminará en un ser humano adulto.
2. No hay receso en el proceso desde la concepción hasta la adultez, relevante a la naturaleza intrínseca del feto.
3. Por lo tanto, desde la concepción en adelante, el feto es un ser humano.

Algunos han intentado desafiar este argumento al establecer una diferencia entre «ser humano» y «ser una persona». El problema de esta distinción es que es completamente arbitraria. Hasta el diccionario de la Real Academia Española define a la persona como un «individuo de la especie humana».[10] La humanidad y la condición de ser persona van necesariamente juntas, no pueden separarse. Tal como dijeron John Ankerberg y John Weldon: «La humanidad y la condición de ser persona no se desarrollan, son inherentes. No es algo que se adquiere, son innatas. Ningún ser humano es "más" humano que otro».[11]

A través de la historia, lamentablemente, muchas personas se han valido de esta arbitraria distinción entre ser una persona o un humano para descalificar a ciertas personas de los derechos que Dios les otorga. En una época a los afroamericanos y a los amerindios se los consideraba «1/2 personas» o «3/4 de personas» y se los trataba en forma inhumana. En la Alemania nazi a los discapacitados se los consideraba no merecedores de la vida y se los mataba para que la sociedad se deshiciera de la «carga» que implicaba cuidarlos. A los judíos se los despersonalizó de una manera similar, y se los exterminó. De la misma forma, mucha gente hoy despersonaliza al ser que aún no ha nacido.

Las Escrituras ofrecen la única base para los derechos humanos. Las personas son valiosas *no* por el color de su piel, la inteligencia o su apariencia física, sino porque son seres humanos hechos a la imagen de Dios. El ser simplemente un ser humano las hace valiosas. El ser que aún no ha nacido, tal como hemos visto, es *totalmente* humano.

DIFERENCIAS IMPORTANTES ENTRE EL QUE HA NACIDO Y EL QUE AÚN NO LO HA HECHO

Mientras que no hay diferencias entre ser un humano y una persona, sí hay diferencias entre el que no ha nacido aún y el recién nacido. Los defensores del aborto con frecuencia citan estas diferencias para fundamentar su postura. Aunque dichas diferencias son genuinas, no son suficientemente significativas como para negar el valor de la naturaleza humana del feto. Las cuatro diferencias son: *tamaño, nivel de desarrollo, medio ambiente* y *grado de dependencia.*[12]

Tamaño: El ser que aún no nació es, evidentemente, más pequeño que el recién nacido. ¿Pero el tamaño tiene algo que ver con el derecho a vivir? ¿Shaquille O'Neal es más humano que Hillary Clinton por ser más grande? Sólo porque el feto es más pequeño que los adultos no significa que no sea un ser humano valioso.[13] En un libro del doctor Seuss, el elefante Horton dice: «Una persona es persona sin importar cuán pequeña sea».

Nivel de desarrollo: El ser que aún no ha nacido está menos desarrollado que los recién nacidos y los adultos. Pero esta diferencia no tiene relevancia para su naturaleza esencial como ser humano. ¿Los adultos son más humanos que los niños que están en la escuela elemental porque han desarrollado su sexualidad? ¿Las personas mentalmente discapacitadas son menos humanos porque no se han desarrollado en su totalidad? El desarrollo de los seres humanos comienza en la concepción y continúa durante toda la vida.

Medio ambiente: El ser que aún no ha nacido vive en un lugar diferente al del bebé recién nacido: el útero de la madre. ¿Pero qué tiene que ver que la criatura viva en el útero con su condición de ser humano? ¿Tú dejas de ser un ser humano porque te mudes de lugar? ¿Cómo puede el *dónde* determinar lo *que* eres?

Grado de dependencia: Para sobrevivir, el ser que aún no ha nacido es ciento por ciento dependiente de la madre. ¿Pero por qué esta condición lo hace menos humano? Si tu humanidad depende de cuán dependiente eres, entonces ¿qué hay de los niños pequeños que empiezan a andar, de los minusválidos y de aquellos que necesitan de una máquina de diálisis? ¿Todavía son humanos? Si decimos que aquel que aún no ha nacido no es un ser humano debido a su dependencia, entonces les negamos los mismos derechos a muchos otros seres humanos que no están en el útero.

A la luz de esta presentación, la mejor conclusión es determinar que la vida humana comienza en la concepción. No existe un punto en el tiempo entre la concepción y el nacimiento en el que pueda establecerse que el feto no sea un ser humano. Por lo tanto, el bebé recién nacido merece todos los derechos humanos desde el momento de la concepción.

Procedimientos abortivos

Una de las razones principales por las que se permite el aborto en los Estados Unidos es que pocas personas son totalmente conscientes de la naturaleza de este procedimiento. Aunque hay muchísimas maneras de matar a un ser en desarrollo, los siguientes son los métodos que más se usan, según las diferentes etapas del embarazo. A aquellos que verdaderamente entienden el procedimiento del aborto se les hace difícil apoyar esta práctica. Muchos grupos a favor del aborto hacen grandes esfuerzos para esconderle al público los detalles de los métodos abortivos.

Aborto del nacimiento parcial (dilatación y extracción)

En este procedimiento el abortista tira de las piernas del feto a través del canal de nacimiento. Con la cabeza aún dentro, inserta en la parte posterior del cráneo del feto unas tijeras. Éstas se abren para poder succionar el cerebro, y le permiten al abortista hundir más fácilmente el cráneo. Se lo saca y se lo descarta.

Aspiración - succión

Por lo general, cuando el aborto se hace dentro de las primeras doce semanas, el feto es lo suficientemente pequeño como para que se lo succione del útero. El aparato succionador que usan los abortistas, que es 28 veces más poderoso que una aspiradora de gran potencia, literalmente destroza al feto en desarrollo. Los pedazos del cuerpo se succionan dentro de un envase y se descartan.

Dilatación y legrado

En este método, que se usa comúnmente, el abortista inserta un bisturí dentro del útero y corta en pedazos al feto. Se le cortan los brazos, las piernas y la cabeza y se desmenuza el cuerpo entero. Después de que los pedazos se sacan a través del canal de nacimiento, se lo rearma cuidadosamente para asegurarse de que no haya quedado nada dentro de la madre que pudiera causar una futura infección.

Respuesta a las objeciones

«Las mujeres tienen el derecho a hacer lo que quieren con su propio cuerpo». Hay dos problemas con este argumento. Primero, el feto *no* es parte del cuerpo de la madre. Tal como ya hemos visto, el feto es un individuo separado desde el momento de la concepción. Segundo, es *incorrecto* decir que una mujer tiene derecho a hacer lo que quiera con su cuerpo. Ninguna mujer tiene derecho a caminar sin ropa, poseer drogas peligrosas o lastimar a otra persona con su propio cuerpo. El derecho de la mujer sobre su propio cuerpo no es absoluto, se limita cuando puede perjudicar a otro ser humano.

«Si el aborto se convirtiera en ilegal, las mujeres se verían en la obligación de hacerlo de manera clandestina». Esta réplica puede responderse con una pregunta sencilla: ¿Tiene la sociedad la responsabilidad de hacer que sea seguro matar gente inocente? Si el ser que aún no ha nacido es un ser humano, tal como lo hemos visto, entonces este argumento tiene poca fuerza.

«Traer a esos niños al mundo tendría un gran costo económico». Esta réplica puede responderse con una pregunta sencilla: Cuando los seres humanos se vuelven costosos, ¿podemos matarlos? Si esto es verdad, ¿deberíamos deshacernos de otras personas de la sociedad que son costosas, como por ejemplo los indigentes? Si el ser que aún no nació es un ser humano, entonces el costo de su derecho a vivir es irrelevante.

«No hay que forzar a las mujeres a traer al mundo a un niño que no desean». Esta objeción puede responderse con una pregunta sencilla: Cuando las personas se transforman en indeseables, ¿podemos matarlas? El doctor Scott Rae comenta: «Que a un niño no se lo desee es más el comentario de los padres que del niño, y el feto es una persona; ya sea que se lo desee o no, esto es irrelevante al derecho que tiene su vida».[14]

«No debería forzarse a las mujeres a tener un bebé que es el resultado de una violación». A pesar de lo emocionalmente devastador que es para una mujer llevar en su vientre un ser concebido en estas condiciones, la confusión se debe a que se elude el tema principal: ¿Por qué se tiene que castigar al bebé por el crimen que cometió su padre? ¿Debe la ley permitir la muerte de una persona inocente para aliviar la angustia de un trauma como el de la violación? Entretanto, a la mujer que ha pasado por esta traumática experiencia necesitamos demostrarle mucho amor y comprensión, sin transigir en que *el ser que aún no ha nacido es un valioso ser humano.* La cantidad de embarazos que resultan de una violación o incesto es diminuta, alrededor de 1 en 100.000 casos. Además, entre el 75 y el 85% de las víctimas de violación que quedaron embarazadas decide llevar a término su embarazo.[15] Los abortos que se producen como consecuencia de casos de violación son increíblemente escasos.

Una alternativa poderosa

Miles de matrimonios, cada año, no pueden tener hijos biológicos. Muchas parejas deciden adoptar porque se desesperan por tener un niño a quien amar y cuidar. Es lamentable que no haya tantos recién nacidos para adoptar y que las parejas tengan que esperar años hasta que les llegue la oportunidad. Si tú te enfrentas con un embarazo que no has deseado o conoces a una jovencita que está embarazada, por favor, considera la adopción. Salvarás la vida de un precioso ser humano que aún no ha nacido y bendecirás de por vida a una familia, tal como sucedió en mi familia con la adopción de mi hermana Heather.

Conclusión

Cada año se realizan un millón de abortos en los Estados Unidos. A pesar del aumento de abortos en nuestra cultura, la Biblia, la ciencia y la filosofía consideran al feto como un ser humano completo desde el momento de la concepción. Ronald Reagan resumió, en una ocasión, la importancia de la controversia del aborto en los Estados Unidos: «No podemos sobrevivir en una nación libre si algunos hombres deciden que otros no deben vivir y se debe abortarlos o cometer infanticidio... No existe una causa más importante para preservar la libertad que afirmar el derecho trascendente de la vida de todos los seres humanos».[16]

Revisión

1. ¿Por qué la Biblia no menciona directamente el tema del aborto?

_____

_____

_____

_____

2. ¿Cómo fundamentan las Escrituras la postura a favor de la vida?

_____

_____

_____

_____

3. Explica por qué deberíamos proteger al que aún no ha nacido si no hay seguridad sobre cuándo comienza la vida.

_____

_____

_____

_____

4. Explica por qué la concepción es el «momento decisivo» más lógico para el comienzo de la vida humana.

_____

_____

_____

_____

_____

5. ¿Cuáles son las cuatro diferencias entre el bebé recién nacido y el que aún no nació? ¿Son éstas suficientes para negar los plenos derechos humanos del ser que aún no nació? ¿Por qué? ¿Por qué no?

_____

_____

_____

6. Menciona los tres pasos del caso científico en pro de la vida y da ejemplos.

(a) _____

_____

_____

(b) _____

_____

_____

(c) _____

_____

_____

7. Responde las siguientes objeciones:

Las mujeres tienen libertad para hacer lo que quieren con su propio cuerpo.

_____

_____

_____

_____

Si el aborto se convirtiera en ilegal, las mujeres se verían en la obligación de hacerlo de manera clandestina.

_____

_____

_____

_____

Traer a esos niños al mundo tendría un gran costo económico.

_____

_____

_____

_____

No debe forzarse a las mujeres a traer al mundo a un niño que no desean.

_____

_____

_____

_____

No debería forzarse a las mujeres a tener un bebé que es el resultado de una violación.

_____

_____

_____

8. La adopción es una alternativa afectiva y valiente para el aborto. ¿Por qué?

_____

_____

_____

_____

Pequeños grupos interactivos

1. Tu amiga te comenta en confianza que recientemente se ha hecho un aborto. No es cristiana, pero aun así se siente culpable por lo que ha hecho. ¿Qué le dirías? ¿Qué principios bíblicos considerarías compartir con ella sin sermonearla?

2. David y Elizabeth Smith esperan con ansiedad el nacimiento de su hijo, de 18 semanas de gestación. Durante el embarazo, el doctor les informa que el bebé tendrá un trastorno desde el nacimiento. Sin presionarlos, les menciona la posibilidad de abortar, y así comenzar de nuevo con un bebé sano. ¿Debería Elizabeth hacerse un aborto? ¿Por qué? ¿Por qué no?

3. Patricia Watson, una estudiante universitaria de 19 años, quedó embarazada hace poco por la violación de un extraño. El trauma de la violación la ha devastado. Se cuestiona: «¿Por qué debo pasar por el sufrimiento de dar a luz a este niño, quien me hará recordar permanentemente aquella penosa experiencia?» ¿Qué le responderías a Patricia en amor y verdad?

4. ¿De qué maneras puedes tú, en tu comunidad, ser *osado* y defender al ser que aún no ha nacido?

CAPÍTULO 8

La homosexualidad

Propósito

Defender tanto el punto de vista de las Escrituras sobre la homosexualidad como los argumentos extrabíblicos

En este capítulo aprenderás

- La diferencia clave entre la *atracción* homosexual y la *conducta* homosexual
- Qué dice la Biblia sobre la conducta homosexual
- La verdad sobre la argumentación de que la homosexualidad tiene una causa biológica
- Los argumentos extrabíblicos contra la homosexualidad
- Cómo podemos responder con amor y verdad a quienes tienen un estilo de vida homosexual

Imagínate que, en tu clase, se establece un dialogo ético y tú tienes que representar la perspectiva bíblica de la homosexualidad. Algunos de tus compañeros, al igual que tu profesor, son defensores de la homosexualidad. Ellos creen que las relaciones homosexuales pueden ser expresiones amorosas de compromisos. Creen que cualquier énfasis de «curación» para un homosexual, es una pérdida de tiempo, porque el punto de vista que tienen de la sexualidad es el mismo que tú tienes sobre la heterosexualidad, como un don de Dios. Argumentan que la Biblia no condena las conductas homosexuales, sólo las perversiones fuera del contexto del amor. Tú debes defender, ante tus compañeros y tu profesor, la postura de que la homosexualidad no es un estilo de vida válido. Cuando te llegue el turno para hablar, ¿qué dirás? ¿Qué argumentos usarás para explicar tu posición? Unos 40 años atrás, este debate no se habría escuchado. Pero en 1969, con el comienzo del movimiento de los derechos gay, los defensores de la homosexualidad han hecho incursiones imborrables en, virtualmente, casi *todos* los aspectos de la cultura estadounidense, incluso en la educación, el entretenimiento y hasta en la iglesia. Tú, como un joven de hoy, no tienes opción respecto de la cultura que te transmitieron. Pero sí tienes opción sobre cómo responder. ¿Te *mantendrás firme* para defender la verdad bíblica, aun cuando esto signifique que te cataloguen de intolerante desamorado? Ser capaz de defender la verdad bíblica no siempre es el camino más sencillo. Sin embargo, a medida que examinamos este asunto, quiero desafiar al lector a vivir según los parámetros más altos.

El argumento bíblico

Cuando se les pregunta por qué están en desacuerdo con la homosexualidad, muchos jóvenes cristianos responden: «¡Porque la Biblia dice que es incorrecto!» A pesar de que la Biblia condena las conductas homosexuales, pocos jóvenes están preparados para responder a las argumentaciones evasivas que muchos eruditos dan hoy para evitar el mensaje claro de las Escrituras.

Para entender con totalidad por qué las Escrituras condenan las conductas homosexuales, primero es necesario entender el plan original de Dios para la humanidad. En Génesis 1 y 2, Dios revela que los hombres y las mujeres fueron creados a su imagen y semejanza (1:27). Después de que Dios creó a Adán, la Biblia nos dice que no era bueno que el hombre estuviese solo (2:18), por eso creó a la mujer, para satisfacer en Adán una necesidad de relación. El plan original de Dios para las relaciones sexuales era que un hombre y una mujer estuvieran juntos, comprometidos toda la vida dentro de un marco matrimonial y de amor. El sexo en el matrimonio brinda placer, unidad y crea nueva vida.

Como la homosexualidad no puede dar lugar a la procreación y la unidad de la sexualidad humana tal como la estableció Dios, múltiples pasajes de las Escrituras se refieren a ella como antinatural. La homosexualidad, como cualquier otro acto fuera de los límites del matrimonio, viola el designio natural que Dios estableció para la sexualidad humana.

SODOMA Y GOMORRA

En Génesis 19, Lot agasaja a dos ángeles que fueron a la ciudad a investigar los pecados de Sodoma y Gomorra. A la noche, todos los hombres de Sodoma rodearon la casa de Lot y le exigieron que dejara salir a sus visitas porque querían «¡tener relaciones sexuales con ellos!» (TLA). Los hombres de Sodoma no sabían que los visitantes eran ángeles, pero está claro que deseaban tener relaciones homosexuales con ellos. Dios juzgó con severidad la inmoralidad sexual de Sodoma y Gomorra: envió fuego y azufre para destruir por completo las ciudades. Aunque la homosexualidad no fue el único elemento que contribuyó a su destrucción, sí fue de manera incuestionable el factor más importante.

Aunque hay una larga historia de interpretaciones judías y cristianas sobre este pasaje que se refiere a las conductas homosexuales, últimamente esta forma tradicional de interpretación se ha puesto en tela de juicio. Algunos revisionistas han argumentado que el pecado de Sodoma y Gomorra no fue la homosexualidad, sino la inhospitabilidad. Argumentan que los hombres de la ciudad querían simplemente conocer a los visitantes y estaban ansiosos por demostrar la acostumbrada hospitalidad del Oriente Medio. Con frecuencia se destaca que el término hebreo *yada*, que se traduce como «tener relaciones sexuales», también significa «conocer a alguien». Por supuesto, a través del Antiguo Testamento la palabra *yada* aparece más de 900 veces y sólo en 12 casos se refiere a relaciones sexuales. En consecuencia, algunas personas llegan a la conclusión de que los pecados de Sodoma no tenían nada que ver con la homosexualidad sino con la hospitalidad.

El problema con este argumento es que ignora el contexto más específico en el que se desarrolla este incidente, el libro de Génesis. De las doce veces que el término *yada* aparece en Génesis, diez, por lo menos, se refiere a conductas sexuales. Además, el contexto aclara que los hombres no estaban interesados sólo en conocer a los extranjeros. La respuesta de Lot lo pone en evidencia: «Os ruego, hermanos míos, que no hagáis tal maldad. He aquí ahora yo tengo dos hijas que no han conocido varón; os las sacaré fuera, y haced de ellas como bien os pareciere; solamente que a estos varones no hagáis nada, pues que vinieron a la sombra de mi tejado» (Gen. 19:7-8).

El pánico de Lot se hace obvio al ofrecer, precipitadamente, a sus hijas *vírgenes* para aplacar a la multitud furiosa, lo que evidencia una conducta pecaminosa. Ésta no es la conducta de un hombre que responde a los esfuerzos de la turba por «conocer» a los visitantes. Cuando Lot se refiere a sus hijas como «vírgenes», indica que se da cuenta de que la demanda de la turba era de índole *sexual*. Otros pasajes de las Escrituras también se refieren a los pecados de Sodoma como pecados sexuales.[1]

LA LEY MOSAICA

El libro de Levítico registra una de las más claras denuncias a la práctica homosexual en la Biblia. «No te echarás con varón como con mujer; es abominación… Si alguno se ayuntare con varón como con mujer, abominación hicieron; ambos han de ser muertos» (Lev. 18:22; 20:13).

El desafío principal de este pasaje es afirmar que las leyes de Levítico ya no tienen vigencia para los creyentes de hoy. Por ejemplo, comer langosta y almeja o sembrar diferentes semillas en el mismo campo eran costumbres que Levítico condena. Como este tipo de prohibiciones ya no se aplican más, los críticos argumentan que tampoco tienen efecto las leyes que condenan la homosexualidad.

Para responder a esta apelación debemos ver la gran diferencia entre estos dos tipos de leyes en el Antiguo Testamento: las leyes *ceremoniales* y las leyes *morales*. Las leyes ceremoniales eran reglas que tenían un plazo en el tiempo, para que los israelitas pudieran adorar a Dios y ofrecerle sacrificios aceptables, tales como las leyes que se mencionaron en los párrafos anteriores. Las leyes morales, por otra parte, se refieren a la relación entre Dios y su pueblo a través de la historia. Sólo porque la prohibición de la homosexualidad está en Levítico, no significa que fuera meramente parte de las reglas ceremoniales. Si esto fuese cierto, entonces la cópula con animales, la violación y el incesto serían moralmente permisibles, ya que aparecen en el mismo capítulo donde se prohíbe la homosexualidad.

John y Paul Feinberg observan: «En lo que se refiere a los elementos ceremoniales frente a los elementos morales de la ley, podemos acordar otra vez que hay diferencias. El problema es que la distinción es irrelevante al tema de la homosexualidad. Mientras que hay elementos ceremoniales en la ley que, hoy con certeza podemos descartar, muchos cristianos, tanto como judíos, siempre han reconocido que hay elementos dentro de la ley que aún tienen importancia ética».[2] Los pasajes de Levítico que tienen que ver con la homosexualidad son parte de la ley moral de Dios y, por ende, aún hoy siguen vigentes.

Además, hasta los judíos reconocen la diferencia entre el castigo por transgredir una ley ceremonial al comer cerdo o langosta, que implica un período de aislamiento, y el castigo por conductas homosexuales, que era mortal. Aunque Jesús modificó las reglas alimentarias del Antiguo Testamento,[3] las prohibiciones homosexuales se repiten claramente en el Nuevo Testamento.[4]

El Nuevo Testamento

El texto crucial en el Nuevo Testamento que trata sobre la homosexualidad es Romanos 1:26-27: «Por esto Dios los entregó a pasiones vergonzosas; pues aun sus mujeres cambiaron el uso natural por el que es contra naturaleza, y de igual modo también los hombres, dejando el uso natural de la mujer, se encendieron en su lascivia unos con otros, cometiendo hechos vergonzosos hombres con hombres, y recibiendo en sí mismos la retribución debida a su extravío».

Algunos dicen al tratar de interpretar este pasaje que la homosexualidad es incorrecta para aquellos que no son *naturalmente* homosexuales. Esta forma de ver las cosas afirma que Pablo sólo condena las conductas homosexuales de personas heterosexuales. De este modo, si tú naciste heterosexual, entonces la heterosexualidad es para ti. Y si naciste homosexual, entonces lo adecuado es la homosexualidad. Ser de otra manera violaría tu desempeño natural (esto es lo mismo que argumentar que la violación es moralmente permisible para un violador que nació así, pero no para uno que no nació violador).

Uno de los tantos problemas con esta postura, tal como veremos, es que la evidencia carece de fundamento para creer que la homosexualidad tiene una causa puramente genética. Aún cuando dicha causa exista, no hay razón para creer que Pablo tenía tal conocimiento y que se refería a eso mismo allí. Segundo, es poco probable que cuando Pablo dice «cambiaron el uso natural por el que es contra naturaleza» se refiriese a heterosexuales que se comportaban como homosexuales. Pablo era un judío instruido y sabía claramente que las conductas homosexuales estaban en contra del plan de Dios para la sexualidad, tal como lo revelan las Escrituras (Génesis 1-2) y como lo establece el orden de la naturaleza.

Es notable que *en la Biblia se condenan claramente las conductas homosexuales en cada ocasión que se mencionan*. Debido a que el carácter de Dios es puro, Él detesta el comportamiento homosexual. Sin lugar a equívocos; el testimonio bíblico contra la homosexualidad sólo puede neutralizarse por medio de una pésima interpretación de las Escrituras o negando la autoridad de la Biblia.

¡Pero nací de esta manera!

¿Esto no es injusto para la persona con tendencias homosexuales? Los heterosexuales al menos tienen la posibilidad de tener un matrimonio bíblico, pero la persona con deseos homosexuales no cuenta con esta posibilidad de desahogo. ¿Cómo se puede esperar que una persona con inclinaciones homosexuales permanezca casta por el resto de su vida? Estudios recientes indican que hay infinidad de factores que intervienen en el desarrollo de la preferencia sexual.[5] La genética podría aportar una tendencia homosexual, pero, tal como veremos, no es la *única* causa. Las relaciones familiares disfuncionales (tal como una madre dominante y un padre pasivo o ausente) con frecuencia confunde muchísimo y acarrea inseguridad en los jóvenes en cuanto a su identidad sexual. Las experiencias sexuales tempranas como el abuso o la seducción también pueden influir en el desarrollo de las inclinaciones homosexuales. Muchas jóvenes se vuelven lesbianas luego de que hombres abusaron de ellas o las perjudicaron severamente. Estas jóvenes con frecuencia ven a los hombres como déspotas y pierden la habilidad de confiar o acercarse a ellos. Los estudios también han demostrado una estrecha relación entre el fracaso de la relación padre e hijo y la homosexualidad.

Es importante distinguir entre la *atracción* homosexual y la *conducta* homosexual. Hay una diferencia entre tener una atracción homosexual y actuar según un deseo sexual incontrolable debido a tal atracción. Esta verdad también la encontramos en las relaciones heterosexuales. Por ejemplo, podría no ser un pecado para un hombre casado sentirse atraído por otra persona del sexo opuesto. Sin embargo, la atracción se transforma en pecado cuando se deja llevar por ésta, ya sea por medio de la lujuria o la actividad sexual. De manera similar, la atracción homosexual no es un pecado, pero se transforma en pecado cuando se concreta en un acto. Por ejemplo, aunque Jesús tuvo hambre durante los 40 días en el desierto y quería alimentarse con lo que el diablo lo tentaba, o cuando estuvo en el huerto antes de la crucifixión, y le pidió a Dios que le quitara esa carga, al expresar de manera clara su deseo, sin embargo, el actuar correctamente fue lo que lo mantuvo puro.

Es importante notar que la Biblia no parece condenar la atracción homosexual. Dios se da cuenta de que nuestros sentimientos, al menos en cierto punto, podrían estar fuera de nuestro control. Pero, ¿qué relación tienen las atracciones o los sentimientos con el llamado *moral* de Dios en nuestra vida? Debido a nuestra naturaleza pecadora, todos estamos propensos a pecar. Justamente porque TODOS somos pecadores; cada ser humano, una vez que nació, pecó, lo que no significa que sea aceptable seguir en esa senda. La ciencia también ha descubierto que varios factores pueden influir en muchas otras inclinaciones, tales como el alcoholismo y la violencia. ¿Es injusto que Dios espere que la sobriedad y el autocontrol sean virtudes morales? Por supuesto que no, porque Dios tiene derecho a pedirnos que tengamos parámetros más altos. Aunque las personas no estén dispuestas a cambiar su atracción sexual, Dios las hará responsables por sus acciones.

El argumento científico

Durante años los científicos han buscado una relación biológica a la homosexualidad. Dicha causa le daría credibilidad a lo que comúnmente escuchamos: «Nací de esta manera». Esto respaldaría que la homosexualidad no es un pecado, sino una condición natural que nuestra constitución biológica determina. De ser así, los homosexuales podrían argumentar que tienen la total facultad para que se los reconozca social y legalmente. Acá citamos los tres estudios principales de esta relación biológica.

ESTUDIO DE GEMELOS

Es probable que el esfuerzo más significativo para proponer un argumento sobre la homosexualidad sea el caso de Michael Bailey y Richard Pillard. Ellos investigaron a hombres homosexuales y a sus hermanos gemelos, con el objetivo de probar que la orientación sexual es biológica. En su estudio de varones homosexuales argumentaron que el 50% de los gemelos eran, ambos, gay. Pillard y Bailey llegaron a la conclusión de que la genética determina un alto porcentaje de homosexualidad entre gemelos idénticos.

Hay varias cuestiones que necesitan destacarse sobre este estudio. Dos se mencionarán brevemente acá. En primer término, hay otros estudios recientes que han demostrado resultados totalmente diferentes.[6] La segunda cuestión es: Si la genética es determinante, ¿por qué casi la mitad de los gemelos idénticos *no* es homosexual? Si la genética determinó la orientación sexual plenamente, entonces *todos* los gemelos deberían ser, ambos, homosexuales. Sin embargo éste no es un caso sencillo. Hasta Bailey reconoció que «debía haber algo en el entorno para que surgiera esta discrepancia entre los gemelos».[7]

ESTUDIO CEREBRAL

El doctor Simon LeVay estudió la región del hipotálamo del cerebro para determinar si había alguna diferencia entre su tamaño en hombres heterosexuales y homosexuales. Al estudiar 41 cadáveres, halló que algunas de las neuronas de los hombres homosexuales eran más pequeñas que las de los hombres heterosexuales. Argumentó que la variación del tamaño determina la orientación sexual.

Pero se han enunciado algunos problemas respecto de este estudio. Primero, LeVay admitió que los medios de comunicación exageraron y distorsionaron sus hallazgos.[8] Segundo, ningún científico ha demostrado alguna vez una relación entre el área del hipotálamo de la que hablamos y la causante de la orientación sexual. Nadie realmente conoce de manera conclusiva si esta área se *relaciona* con la sexualidad.

Otro problema con el estudio de LeVay es que la sexualidad de los sujetos era cuestionable. LeVay asumió que algunos individuos eran heterosexuales porque no había mención alguna de su orientación sexual en sus historias clínicas. Pero que muchos de estos sujetos heterosexuales hayan muerto de sida hace que se sospeche bastante de su orientación heterosexual. Finalmente, no hay otros estudios que corroboren los hallazgos de LeVay.[9]

Estudio genético

En 1993, el doctor Dean Hamer aseveró que había hallado la relación entre la genética y la orientación sexual. Los medios de comunicación anunciaron el estudio como el descubrimiento del «gen de la orientación sexual». Al examinar a 76 hombres seleccionados de un programa de tratamiento para el sida, que tenían un hermano gay, el equipo de Hamer encontró un fuerte patrón de homosexualidad entre los parientes maternos más que en los paternos. Esto sugirió que la orientación sexual podría heredarse a través del cromosoma X de las mujeres.

Aunque esta investigación se anunció en la prensa como una evidencia del «gen gay», hay cuestiones significativas que deben tenerse en cuenta sobre estas conclusiones. Primero, aún tenemos el problema de la causa y el efecto. Simplemente porque una mayoría de hombres homosexuales ha compartido alteraciones genéticas, no significa que esta alteración sea la causa de su orientación homosexual. ¿Y entonces cómo se explica la minoría que era homosexual y que no tenían alteraciones genéticas?

Segundo, estas conclusiones no se han encontrado en otros equipos de investigación. Hasta un periódico reportó el intento fallido de repetir el estudio en un laboratorio canadiense.[10] El mismo artículo presentó alegatos serios sobre la falta de ética profesional contra un investigador en particular del equipo de Hamer. Los psicólogos Stanton Jones y Mark Yarhouse resumieron la importancia de estas argumentaciones de Hamer y otros: «La mayor limitación de estos estudios es que no hallaron un gen que determine la orientación sexual, en contraposición a lo que los medios de comunicación informaron sobre este estudio. Más bien parece que encontraron un grupo de segmentos genéticos que parece tener relación con la orientación sexual en esta inusual y selectiva muestra de homosexuales... Es obvio que estos estudios no encontraron un cromosoma causante de la orientación homosexual».[11]

La razón principal por la que la ciencia *nunca* demostrará una causa totalmente física para la homosexualidad se debe a que la preferencia sexual no es algo sólo físico, sino, al menos en parte, evolutivo. Uno puede realizar un examen físico integral de 1000 personas, de sus genes, sus órganos sexuales, sus niveles hormonales, etc., y jamás determinar *sólo por la evidencia física* quién de ellos tiene preferencia por el mismo sexo. En realidad, no podríamos saber *ninguna* particularidad sobre sus preferencias sexuales (¿si les gustan rubias o pelirrojas?) al examinar su apariencia física.

Aunque la ciencia demostrara una causa genética para la homosexualidad, ¿esto justificaría la conducta sexual? La respuesta es ésta: *Sólo porque una respuesta sea natural no significa que sea correcta.* Piensa por un momento. ¿Una tendencia natural a la violencia justifica atacar a alguien? ¿El deseo natural de alimentarse justifica el robo? Mientras que los animales hacen lo que es natural para ellos, los seres humanos son criaturas morales y racionales que pueden sobreponerse a sus apetitos naturales y actuar en beneficio de la sociedad.

Algunas veces seguir los instintos naturales puede ser peligroso. La reacción «natural» de un niño cuyas ropas se incendian es correr tan rápido como pueda para escaparse de las llamas. Sin embargo, la reacción correcta es ignorar nuestras inclinaciones naturales y detenerse, tirarse al suelo y rodar. Incluso si la ciencia pudiese demostrar que las sensaciones homosexuales son naturales, esto aún no justificaría la conducta homosexual.[12]

Argumentos extrabíblicos

Presentar un argumento persuasivo en contra de la homosexualidad sin examinar la Biblia es una tarea que exige mucho esfuerzo. Pero se puede lograr al entender las consideraciones morales y filosóficas. A continuación hay tres argumentos principales en contra de la homosexualidad desde una perspectiva que no es bíblica.

EL RIESGO DE LAS PRÁCTICAS HOMOSEXUALES

Un conocido argumento en contra de la homosexualidad es la relación que hay entre la práctica homosexual y el sida. No se cuestiona que la homosexualidad ha sido una de las maneras clave de transmisión de la mortal enfermedad (como tantas otras ETS). También ha sido propagada por homosexuales a hemofílicos a través de las transfusiones de sangre, esposas de bisexuales, agujas que se comparten y otros. Miles de vidas se han perdido como resultado directo de la práctica homosexual. Cualquier sociedad civil condenaría un acto tan peligroso para proteger la salud de los ciudadanos.

Mientras que éste es un poderoso argumento en contra de la homosexualidad, la cuestión es que el sida también se propagó con rapidez entre la comunidad heterosexual (aunque en mucho menos cantidad que en la comunidad gay). Pero esto nos lleva al centro del problema de la conducta sexual: su *inherente* peligro. Las relaciones homosexuales «protegidas» son peligrosas por las consecuencias para el cuerpo humano. Mientras que la conducta heterosexual es peligrosa cuando se la desplaza de su designio original, la conducta homosexual es peligrosa en *cualquier* contexto. No puede ser segura. A pesar de que los elementos que no son seguros pueden reducirse, la conducta homosexual en sí misma es un peligro para la sociedad. Considera algunos pocos asuntos sobre la salud relacionados con la conducta homosexual:[13]

- Los investigadores informan sobre un porcentaje mayor de abuso de drogas y alcohol entre homosexuales.
- Ciertos trastornos mentales ocurren en mayor cantidad entre los varones homosexuales.
- Los varones homosexuales tienen un 75% de probabilidad en su vida de contraer una ETS.
- El trauma físico en el cuerpo es un problema común por la naturaleza de ciertos actos sexuales.

LA HOMOSEXUALIDAD NO ES NATURAL

Los defensores de los derechos de los homosexuales con frecuencia argumentan que la homosexualidad es natural, especialmente desde que algunas veces se puede observar en el reino animal. Con una visión superficial, parecería haber algo de verdad en afirmar que la homosexualidad es natural. Pero un análisis más profundo revela serias fallas al valerse de esto para justificar la homosexualidad humana.

Hay una diferencia básica entre la homosexualidad masculina y las conductas homosexuales del reino animal.[14] Los varones tienen conductas homosexuales no porque sean eróticas, sino porque son *varonilmente* eróticas. No los atrae meramente una parte del cuerpo humano, sino su propio género. Los animales, en cambio, sólo quieren que se los estimule. No los atrae el mismo género del animal, por eso un perro montará un sofá, un árbol o hasta tu pierna. Mientras que este ejemplo podría probar que los animales se masturban, no hay evidencia de que sus deseos homosexuales son iguales a los deseos de los humanos.

Pero aunque las conductas homosexuales ocurrieran en la naturaleza, ¿querríamos valernos de esto para justificar la homosexualidad humana? Si aceptamos este tipo de razonamiento, entonces también tendríamos que justificar el canibalismo y el asesinato. ¿Por qué? La vida de la viuda negra nos da un buen ejemplo. Después de aparearse, la araña hembra mata al macho y se lo come. Para ser congruentes, también tendríamos que justificar estas horrendas acciones que se dan en la naturaleza. Con excepción de unas pocas feministas extremistas, ¡no creo que haya demasiada gente que quisiera justificarlo!

Hay otro sentido en que se usa el concepto de «natural» que se refiere por lo general a los sucesos que «ocurren en la naturaleza». Tal como antes, surge el mismo problema debido a que, en la naturaleza, ocurren todo tipo de salvajismos: las selvas tropicales se reducen drásticamente, se ahoga a los bebés, hay incesto y hasta se agrede a los homosexuales debido a sus prácticas. Todo esto podría considerarse natural, ya que «sucede en la naturaleza». Entonces, según esta definición, como los humanos son parte de la naturaleza, dicha conducta humana sería natural. Según esta definición, prácticamente a todo se lo consideraría natural.

Pero, por lo general, la gente quiere decir otra cosa cuando se refiere a lo que ocurre en la naturaleza. Greg Koukl nos explica: «Las cosas son naturales si se ajustan al orden natural pretecnológico de las cosas; funcionan según sus primitivos *parámetros* o *propósito*».[15] Por lo tanto, un deseo sexual natural es el que encaja con el parámetro original o propósito de la sexualidad. El propósito natural del sexo es la reproducción, pasar los genes de uno a los hijos. Pero como los homosexuales no pueden reproducirse según este parámetro, esta definición de «natural» no puede usarse tampoco para defender la conducta homosexual.

Además, ¿no se consideraría antinatural que alguien tuviera una nariz con la que no pudiese oler u ojos con los que no pudiese ver? Entonces, ¿por qué se considera natural que alguien tenga órganos sexuales masculinos cuando es incapaz de usarlos con el sexo opuesto, con un propósito reproductivo? La conducta homosexual simplemente no hace uso natural del cuerpo humano.

Ninguna sociedad sobreviviría si la norma fuera la homosexualidad

La cultura humana depende para su misma existencia de relaciones heterosexuales sanas. Fuera de las sanas relaciones heterosexuales no podría haber relaciones homosexuales, pues nadie jamás nació de una unión homosexual. Las relaciones heterosexuales son absolutamente necesarias para la preservación de la raza humana, y sin éstas, los humanos se extinguirían en una generación. En el sentido que antes se mencionó, la homosexualidad es una amenaza para la continuación de la raza humana. No sería suficiente argumentar que esto no sucederá, ya que sólo un pequeño porcentaje de la población es gay; si la sociedad lo considera una práctica aceptable, en teoría, todos podrían practicarla. Entonces, por supuesto, si todos la practicaran la raza humana se autodestruiría.

Respuesta a las objeciones

«La gente debe tener la libertad de expresarse sexualmente sin restricciones». Imaginémonos por un momento que esto sea verdad, que la gente *debería* tener libertad para expresarse sin restricciones sexuales. ¿Se aplica esto a un hombre adulto que desee tener relaciones sexuales con jovencitos? Si ésa es la manera en que él desea expresarse, ¿sería correcto? Esta conducta es agraviante, independientemente de sus deseos. Es evidente que hay restricciones que establecemos respecto de la conducta sexual.

«Las conductas homosexuales son aceptables siempre y cuando no perjudiquen a nadie». El problema de esta afirmación es que es completamente ingenua. La conducta homosexual perjudica a las personas. El pecado es tan poderoso que alguien *siempre* se perjudica, aunque se trate sólo del perpetrador. En realidad, estudios recientes indican que los hombres homosexuales son cuatro veces más propensos al alcoholismo que los hombres heterosexuales y seis veces más propensos a suicidarse.[16] La conducta homosexual perjudica a las personas. Muchos padres se sienten dolidos porque sus hijos gay no les darán nietos. Pero aunque nadie se perjudique, la conducta homosexual todavía es agraviante. No son las consecuencias de las acciones de alguien lo que se determina como correcto o incorrecto, sino la acción misma. Muchas acciones como la mentira y la lujuria son, en sí mismas, erróneas aunque nadie salga perjudicado. Es lo que desobedece a Dios. Algunas personas se perjudican a pesar de hacer lo correcto, ¿no es cierto?

«Pero los homosexuales han hecho maravillosas contribuciones a la sociedad». Por supuesto, en muchos casos es verdad; los homosexuales han escrito magníficas obras literaturas, han sido grandes héroes de guerra,

han compuesto bella música y han contribuido de muchas maneras para beneficiar a nuestra sociedad. Pero debemos preguntarnos: ¿Qué tiene que ver esto con la moralidad de su vida sexual? Hicieron grandes obras como seres humanos, y no debido a su preferencia sexual. Elton John, por ejemplo, es un excelente músico. También admite ser homosexual. ¿Qué relación hay entre una cosa y la otra? Ninguna.

«Puedes pensar que la homosexualidad es errónea, pero no tienes derecho a imponerle a otros tu punto de vista». En realidad, la cuestión de forzar la moralidad de uno en otra persona es debatible. De hecho, cada ley que existe impone el punto de vista de alguien sobre otra persona, ésa es la naturaleza de la ley. Nuestro gobierno siempre impone su moralidad a los violadores, los ladrones y demás transgresores de la ley. Pero la cuestión no es quién fuerza una versión de moralidad en otro. La cuestión es que muchos homosexuales quieren la total aprobación de su estilo de vida y quieren que tú no hagas objeciones. La próxima vez que alguien te diga esto puedes responderle así: «Tú puedes creer que la homosexualidad es aceptable, ¿pero qué derecho tienen a imponerme tu punto de vista?»

¿Cómo debemos responder?

Las personas homosexuales son similares a nosotros, anhelan amor, perdón, amistad y aceptación. Muchos sienten que el mundo los abandona y, lamentablemente, que la iglesia los rechaza. Como cristianos, tenemos un importante papel que desempeñar. No debemos comprometer la clara enseñanza bíblica, que afirma que la homosexualidad es inmoral; pero tampoco debemos olvidarnos de que, en nuestra relación con las personas, debemos mantenernos firmes a la verdad bíblica de que toda la gente, pese a su conducta pecaminosa, es creada a imagen de Dios y, por lo tanto, es merecedora de la gracia, el amor y la comprensión.

MUESTRA EL AMOR DE JESÚS

Cuando me preguntan qué *pienso* de los homosexuales, con frecuencia respondo: «Los homosexuales, como todas las demás personas, fueron creados a imagen de Dios. Son merecedores del respeto y no se los debe agredir ni burlarse debido a su preferencia sexual». Esto es verdad a pesar de cuán inmoral pueda ser su conducta. Ningún ser humano es un marica, un despreciable o una porquería. Como cristianos, nunca debemos hablar o hacer bromas sobre homosexuales de manera que los insulte o menoscabe. Me destroza el corazón ver en las concentraciones, cristianos con carteles

que dicen: «Dios odia a los homosexuales» o «Los maricas se van al infierno». No puedo imaginarme a Jesús o a los discípulos tratar con tanta indecencia a un ser humano. En las Olimpíadas de Atlanta, en 1996, conocí a un individuo de mediana edad que nunca olvidaré. Mientras vendía camisetas en el Centennial Park, un hombre cubierto de banderas multicolores se acercó a mi puesto. Le pregunté de qué país eran las banderas y me respondió abiertamente:
–Es algo excéntrico. Verás, soy gay.
–¿Mucha gente se burla de ti por ser gay? –le pregunté.
–Sí –me contestó de inmediato–, siempre escucho comentarios humillantes.
–Siento mucho que la gente te trate así –le dije con suma sinceridad, mirándolo directo a los ojos–; no es lo correcto.
Se veía que era un hombre quebrantado y dolido. Me agradeció una y otra vez, y además me pidió sacarse una foto conmigo porque dijo que había sido la persona más amable que había conocido en todas las Olimpíadas.

Lo que hice fue establecer la diferencia entre mi actitud respecto de las *personas* homosexuales y mi convicción concerniente a la *conducta* homosexual. Si al comenzar una conversación decimos: «Creo que la homosexualidad es inmoral», nos acusarán por profanar insultos y amenazas, y las personas no querrán oír nuestras razones. Pero si demostramos ser comprensivos y respetuosos, entonces podremos ganarnos el derecho a que nos oigan.

Di la verdad

Si realmente sentimos amor, no tendremos temor de hablar lo que Dios dice de la homosexualidad o de cualquier otro asunto. En un mundo que nos dice que no juzguemos o que seamos tolerantes con *todos* los puntos de vista, Dios nos llama a mantener un parámetro superior de verdad. No te dejes engañar: En estos tiempos, a más y más cristianos se los considera desalmados debido a su postura en cuanto a que la conducta homosexual es incorrecta. Estate preparado; si eres lo suficientemente valiente como para proclamar la verdad, te llamarán *fanático, intolerante, censurador y criticón*. Aún así, apunta a ser genuinamente bondadoso cuando hables. Tal como dijo el apóstol Pedro: «Sino santificad a Dios el Señor en vuestros corazones, y estad siempre preparados para presentar defensa con *mansedumbre* y *reverencia* ante todo el que os demande razón de la esperanza que hay en vosotros» (1 Ped. 3:15).

Conclusión

Tanto el Antiguo como el Nuevo Testamento enseñan que la heterosexualidad es la base de los designios de Dios para el sexo. Cualquier otra actividad sexual, ya sea premarital u homosexual, está fuera del designio del Señor y por lo tanto es incorrecta. Esto no se demuestra solamente en las Escrituras, sino también por medio de análisis científicos del mundo natural. Pero si de verdad vamos a seguir el ejemplo de Jesús, *nunca* debemos olvidarnos de demostrar el amor de Dios con el mismo poder con que enseñamos la verdad.

Pasajes bíblicos sobre la homosexualidad	
• Génesis 19 • Levítico 18:22; 20:13 • Deuteronomio 23:17-18 • Jueces 19:22-30 • 1 Reyes 14:24; 15:12	• Ezequiel 16:50 • Romanos 1:26-27 • 1 Corintios 6:9 • 1 Timoteo 1:10 • 2 Pedro 2:7-10

Revisión

1. Describe el plan original de Dios para la sexualidad humana.

_____

_____

_____

_____

_____

_____

2. Responde a la afirmación de los revisionistas que dicen que el pecado de Sodoma era la inhospitabilidad.

_____

_____

_____

_____

_____

_____

3. Responde a la acusación de que la prohibición de la homosexualidad en Levítico ya no se aplica la actualidad.

_____

_____

_____

_____

_____

_____

4. Menciona y defiende el texto crítico del Nuevo Testamento en contra de la homosexualidad.

_____

_____

_____

_____

_____

_____

5. ¿Por qué algunos científicos están tan ansiosos de hallar una causa biológica para la homosexualidad?

_____

_____

_____

_____

_____

_____

6. Menciona, por lo menos, dos problemas en cada una de las argumentaciones que se citan a continuación.

Estudio cerebral _____

_____

_____

Estudio de gemelos _____

_____

_____

Estudio genético

7. Describe los tres argumentos extrabíblicos en contra de la homosexualidad.

(a)

(b)

(c)

8. ¿Cómo podemos responder al movimiento gay con *amor* y *verdad*?

Pequeños grupos interactivos

1. Piensen juntos otras justificaciones que las personas dan para apoyar la conducta homosexual. Luego vean de qué manera apropiada pueden responder a cada uno de estos cuestionamientos.

2. ¿Cómo podemos hacer para que la Iglesia de la próxima generación, apoye, comprenda y dé la bienvenida en la iglesia a las personas que batallarán con una indeseable homosexualidad?

3. ¿De qué modo los medios de comunicación en los últimos años contribuyeron a una aceptación mayor de la conducta homosexual en la sociedad?

CAPÍTULO 9

El matrimonio

Propósito

Entender el propósito de Dios para el matrimonio y considerar los desafíos que trae el divorcio y la unión con personas del mismo sexo

En este capítulo aprenderás

- A entender los cuatro propósitos principales del matrimonio
- La verdad sobre el divorcio y las segundas nupcias
- Por qué los matrimonios sanos son tan importantes para el bienestar de la sociedad
- Por qué el matrimonio no debe redefinirse para incluir la unión con personas del mismo sexo

En la comedia *Papá por siempre*, de 1993, Robin Williams representa el papel de un creativo escritor y productor alejado de sus hijos debido a un divorcio doloroso. En un momento dado, cuando Williams debatía los derechos de visitas con su ex esposa, exclamó: «Me arrancas el corazón. ¿Volverás para hacer lo mismo?» Debido a que el juez determinó que sólo podía ver a sus hijos una vez a la semana, Williams se deprimió. Desesperado por poder pasar tiempo con sus hijos, se presentó para trabajar como ama de casa de su ex esposa. Con una peluca de la abuela, un poco de maquillaje y el vestido perfecto, se transforma en *madame* Doubtfire, una devota ama de casa británica a la que de inmediato emplean.

Aunque la película está escrita de manera excelente y es bastante divertida, tiene una sutil finalidad. En la última escena, *madame* Doubtfire discurre brevemente sobre este propósito. Ejemplifica lo que nuestra cultura cree comúnmente sobre el divorcio y el matrimonio: «Algunos padres, cuando están enojados, se llevan mucho mejor si no viven juntos. No se pelean todo el tiempo y se transforman en mejores personas, mejores mamás y papás». Para evitar que los niños se sientan mal respecto del divorcio, la película termina con una verdad a medias. Sin duda el divorcio puede ser lo mejor para los niños cuando el abuso o el engaño destruyen la esencia del matrimonio. ¿Pero es totalmente verdad que el divorcio es *con frecuencia* la mejor opción cuando mamá y papá tienen problemas de relación que son difíciles de resolver? Aunque la intención de la película es noble, ¿las personas normalmente son mejores padres cuando se divorcian?

Hasta hace poco tiempo el divorcio era un fenómeno raro. Sin embargo, hoy, uno de cada dos matrimonios termina divorciándose. Tal como lo expresó Andrew Schepard, uno de los investigadores más importante del país sobre divorcio: «Los estadounidenses han llegado a ver el divorcio como una experiencia normal».[1] Hace un tiempo el divorcio era un oprobio, pero ahora se lo considera un aspecto común de la vida y algunas veces hasta la *mejor* opción. Es lamentable que algunas parejas hoy digan, cuando pronuncian sus votos matrimoniales: «Hasta que el *amor* nos separe».

Aunque el divorcio no es el único factor desfavorable que enfrenta la institución del matrimonio hoy. Mucha gente quiere reinventar el concepto de matrimonio con la inclusión de la unión entre personas del mismo sexo. En realidad muchos países, como Canadá, han cambiado su definición de matrimonio para incluir este tipo de uniones. Si el argumento es «hasta que el *amor* nos separe», ¿por qué no se les debería permitir casarse? ¿Por qué la sociedad debería defender al matrimonio tradicional de la unión con personas del mismo sexo? ¿Debería redefinirse el matrimonio para incluir las uniones entre individuos del mismo sexo?

Acá tenemos algunas cuestiones más importantes para la salud de la sociedad que la cuestión misma del matrimonio. ¿Cuál es el propósito del matrimonio? ¿Por qué es tan importante? Es crucial para ti, como joven, entender el papel bíblico y social que desempeña. Entender su importancia ayudará no sólo a tener un matrimonio exitoso en el futuro, sino también a respaldar en nuestra sociedad lo que ésta con tanta frecuencia subestima, que es la santidad del matrimonio.

El propósito del matrimonio

La mejor manera de entender su propósito es considerar, en Génesis 2, el relato de la Creación. Génesis 2:18-24 revela que el matrimonio es idea de Dios, no del hombre. Después de crear al mundo y al hombre, Dios decidió que no era bueno que el hombre estuviera solo. Adán, de manera sistemática, le puso nombre a todos los animales, pero ninguno de éstos era un ayudante adecuado. Por eso Dios creó a Eva del costado de Adán. No puedo imaginarme lo que Adán pensó cuando vio por primera vez a Eva, ¡el apogeo de la creación de Dios! El pasaje sobre el matrimonio termina con este mandato: «Por tanto, dejará el hombre a su padre y a su madre, y se unirá a su mujer, y serán una sola carne» (Gén. 2:24). Algunas consecuencias más surgen de este relato.

EL MATRIMONIO ES ENTRE UN HOMBRE Y UNA MUJER

El matrimonio, bíblicamente, es entre una persona de sexo masculino y otra de sexo femenino. Esto se lo ve bien claro en Génesis 1:27-28, donde Dios crea «varón y hembra» y les ordena: «Fructificad y multiplicaos; llenad la tierra». La reproducción puede darse de forma natural sólo entre la unión de un varón y una mujer. Pablo más adelante afirma que el matrimonio es entre un hombre y una mujer: «Cada uno tenga su propia mujer, y cada una tenga su propio marido» (1 Cor. 7:2). Hasta el diccionario de la Real Academia Española define el matrimonio como «Unión de hombre y mujer concertada mediante determinados ritos o formalidades legales».[2] Dios no creó dos hombres, ni dos mujeres ni cualquier otra variedad. El matrimonio es entre un hombre y una mujer.

EL MATRIMONIO ES UNIDAD

Lo único que no fue «bueno» en la Creación era que el hombre estaba solo. El hombre en sí mismo es incompleto, necesita una compañía. Uno de los propósitos principales de Dios para el matrimonio es que el esposo y la esposa experimenten una relación de amor y unidad. El deseo de Dios es que ellos, en el matrimonio, se unan en cuerpo y espíritu. El matrimonio brinda el contexto adecuado para la unión sexual, pero también es un compañerismo que va más allá de la sexualidad (Mal. 2:14). Es una sociedad que incluye compartir intereses, actividades, propósitos y sueños.

EL MATRIMONIO ES PROCREACIÓN

El primer mandato que la Biblia da para los hombres y las mujeres es que se multipliquen y llenen la tierra (Gén. 1:28). ¡Éste es un mandamiento de Dios que la humanidad ha tomado en serio! La diferencia entre la procreación humana y animal es que aquélla se da en el contexto de la familia y según los modelos de Dios. Las Escrituras son claras al decir que mamá y papá criarán a sus hijos en un hogar donde se tenga gran respeto por Dios. Mientras que no todas las parejas eligen tener hijos, el matrimonio es intrínsecamente para y por los hijos (Mal. 2:15).

El matrimonio es un compromiso de por vida

La Biblia aclara bien que el matrimonio es para siempre en esta vida. Por eso Jesús se expresó así: «Así que no son ya más dos, sino una sola carne; por tanto, lo que Dios juntó, no lo separe el hombre» (Mat. 19:6). Pablo también lo aclara en Romanos 7:2: «Porque la mujer casada está sujeta por la ley al marido mientras éste vive; pero si el marido muere, ella queda libre de la ley del marido». Aunque el matrimonio es un compromiso de por vida, no es eterno. Aunque podremos reconocer a nuestros seres queridos en el cielo, Jesús dejó bien en claro que no seguiremos casados después de esta vida (ver Mat. 22:23-30).

Divorcio

La realidad bíblica sobre el divorcio

La Biblia deja bien en claro que el divorcio no es el ideal de Dios. En realidad, Dios le dice al profeta Malaquías: «Yo aborrezco el divorcio» (Mal. 2:16 NVI). Aunque Dios algunas veces permite el divorcio, esa nunca fue su intención. Esto se expresa con claridad en Mateo 19:8-9. Después de responder a las preguntas de los fariseos sobre el matrimonio y el divorcio, Jesús les dijo a sus discípulos en privado: «Moisés les permitió divorciarse de su esposa por lo obstinados que son... Pero no fue así desde el principio. Les digo que, excepto *en caso de infidelidad conyugal*, el que se divorcia de su esposa, y se casa con otra, comete adulterio».

En el pasaje anterior, Jesús mencionó un criterio que permitía el divorcio: la inmoralidad. Pero, ¿qué quería decir Jesús con inmoralidad? *Porneia* es el término original en el lenguaje bíblico, cuya traducción es «inmoralidad». Aunque hay muchísima controversia respecto del significado de *porneia*, parece ser que se refería a las conductas sexuales impuras como el adulterio, la homosexualidad y el incesto.[3] Jesús decía que quien se divorcia de su esposa por cualquier causa que no sea la inmoralidad sexual, ante los ojos de Dios aún permanece casado. Por lo tanto, divorciarse y casarse de nuevo, excepto en casos de *porneia*, es cometer adulterio.

Pablo da dos excepciones más donde se permite que el vínculo del matrimonio se rompa y la persona se vuelva a casar. La primera es la muerte de uno de los cónyuges (ver Rom. 7:3). La segunda es cuando una persona que no es creyente está casada con otra creyente y el no creyente quiere divorciarse. Pablo dice: «Pero si el incrédulo se separa, sepárese; pues no está el hermano o la hermana sujeto a servidumbre en semejante caso, sino que a paz nos llamó Dios» (1 Cor. 7:15). Si el no creyente deja al creyente, entonces el cónyuge que permaneció fiel ya no tiene más los vínculos del matrimonio. Ninguna otra excepción que justifique el divorcio se menciona de manera explícita en la Biblia. No obstante, muchos argumentan que el divorcio se justifica en casos de abuso porque el principio preponderante es el del amor; para el cónyuge y los hijos permanecer en el entorno de un matrimonio abusivo es simplemente aborrecible.

Mientras que el ideal de Dios es el matrimonio de por vida, es importante darse cuenta de que el perdón *siempre* debe estar disponible. El divorcio no es un pecado imperdonable. Cuando no es posible lograr lo ideal, debemos hacer lo que mejor corresponda. A pesar de que volver a casarse no es el ideal de Dios, podría ser una adaptación realista en un mundo que no es perfecto. Debemos recordar las palabras de 1 Juan 1:9: «Si confesamos nuestros pecados, él es fiel y justo para perdonar nuestros pecados, y limpiarnos de *toda* maldad». El divorcio ha devastado a muchas personas, que necesitan la compasión amorosa de los cristianos, no las reglas ni las causas de por qué están mal.

La verdad sobre el divorcio

Un gran mito en nuestra cultura es el que dice que el divorcio hace a la gente más feliz. *¿Por qué debo permanecer en un matrimonio difícil,* piensan muchas personas, *si podría estar mejor si me divorcio?* Sorprende ver que los resultados muestran exactamente lo opuesto. Considera algunos hechos sobre el divorcio en este trascendental estudio:[4]

- No hay evidencia de que el divorcio haga más feliz a la gente integralmente.
- El 66% de las parejas casadas que no son felices pero evitaron divorciarse y continuaron comprometidas en matrimonio, informó que ha estado felizmente casada en los últimos cinco años.
- El divorcio no disminuye los síntomas de depresión o soledad, ni incrementa la autoestima.
- El tipo de problemas que lleva a un divorcio *no se puede* distinguir notablemente de aquellos a los que algunas parejas sobrevivieron.
- Mientras que todos los matrimonios se enfrentan a pruebas, los matrimonios exitosos se caracterizan por estar formados por personas que han hecho el compromiso de sobrevivir a los problemas y hacer que su matrimonio funcione.

Por qué el matrimonio es tan importante

El matrimonio es importante desde la perspectiva bíblica y también por el bienestar de la sociedad. De hecho, no existe otro factor más vital para el desarrollo saludable de una cultura que la solidez de los matrimonios. Mientras que ninguna persona debe necesariamente casarse, los matrimonios deben consolidarse por el bien de la sociedad. El Instituto para los Valores Estadounidenses documentó no hace mucho 21 causas por las que el matrimonio es tan importante.[5] Aquí, algunas de ellas:

* La prosperidad económica de las parejas casadas es mayor que la de los solteros.
* El divorcio aumenta los problemas de conducta de los hijos.
* El matrimonio está relacionado con un menor abuso de alcohol y drogas, tanto en adultos como en jóvenes.
* Las personas casadas viven más años y tienen mejor salud que las solteras.
* Las personas casadas cometen menos crímenes que las solteras.

Matrimonio con personas del mismo sexo

En febrero de 2004, cientos de parejas del mismo sexo se dirigieron rápidamente a San Francisco para casarse. «Esto es algo magnífico para nosotras –vociferó una dama–. Todos hablan sobre la familia; ahora podemos darle a nuestra hija una familia y nadie puede quitárnosla».

¿El matrimonio de personas del mismo sexo es un cambio positivo o negativo para la sociedad? ¿El matrimonio es *solamente* entre un hombre y una mujer o puede incluir personas del mismo sexo? Consideremos algunos argumentos elementales que apoyan la legalidad del matrimonio entre personas del mismo sexo y evaluaremos si el concepto tradicional del matrimonio puede resistir la embestida.

«¿Qué diferencia tiene para mí?»

¿Por qué el matrimonio entre personas del mismo sexo no puede darse junto al matrimonio tradicional sin perjudicar a nadie? ¿Puede aprobarse el matrimonio entre personas del mismo sexo sin afectar a nadie más? Para responder esta pregunta, considera la siguiente argumentación: Imagínate que estás en una inmensa balsa, con el anhelo de llegar a salvo a la otra orilla del lago, cuando alguien más insiste en que tiene derecho a taladrar un agujero de su lado de la balsa.[6] Cuando tú, justamente, objetas, él te acusa de intolerante y fanático, e insiste en que tú tienes derecho a hacer lo que quieras de tu lado pero no tienes derecho a interponerte en lo que él quiere hacer. Sin embargo, a medida que el agua entra en la balsa, te das cuenta de que, le guste o no, lo que una persona haga en su lado de la embarcación afecta a todos los que están a bordo. Entonces, ¿cómo afectaría a los demás el matrimonio entre personas del mismo sexo? Considera algunas consecuencias:

- Si el matrimonio entre personas del mismo sexo se declara de manera formal, entonces también podrían, en definitiva, declararse formalmente otras relaciones como la poligamia, la endogamia o el matrimonio de niños o animales u objetos inanimados, y *los niños serían los que se perjudicarían.*

- Si se declara formalmente el matrimonio entre personas del mismo sexo, entonces es probable que las iglesias que se rehúsen a llevar a cabo las bodas pierdan su estatus de exención tributaria.

- La libertad religiosa se perderá para todos aquellos que se opongan a la conducta homosexual. Esto ya sucede en Canadá, donde se multa a las personas que hablan en contra de la homosexualidad en los medios de comunicación, y aun desde sus propios púlpitos.

«A LOS HOMOSEXUALES SE LOS DISCRIMINA»

Uno de los argumentos más frecuentes que se dan para avalar el matrimonio entre personas del mismo sexo es afirmar que los homosexuales no tienen los mismos derechos *legales* que los heterosexuales. En otras palabras, como los homosexuales no pueden casarse entre ellos, se los discrimina legalmente. El problema de esta afirmación es que es completamente *falsa.* Cualquiera, sea heterosexual u homosexual, puede casarse en cualquiera de los estados de los Estados Unidos y tener los derechos y los beneficios de un matrimonio aprobado por el Estado. Todos los ciudadanos comparten de manera equitativa estos privilegios.

Las leyes del matrimonio se aplican de igual modo a todas las personas. Lo que los homosexuales quieren es el derecho a hacer algo que nadie tiene, casarse con alguien del mismo sexo. Nadie puede casarse con un pariente consanguíneo, un niño, ni con una persona que ya esté casada, ni dos personas, ni una persona del mismo sexo. Negarles este derecho no es discriminatorio; la naturaleza misma del matrimonio no da lugar a tal reconocimiento.

«LA CULTURA PUEDE REDEFINIR EL MATRIMONIO»

Otra justificación común para el matrimonio entre personas del mismo sexo es afirmar que el matrimonio se redefine constantemente junto con la cultura. Es interesante observar que en todas las culturas que conozco, con excepción de unos pocos países modernos, el matrimonio *siempre* ha sido entre un hombre y una mujer. Mientras que algunos han permitido casarse con más de una mujer, los cónyuges fueron siempre *hombres* y *mujeres*. Mientras hubo variaciones en el tema del matrimonio, la esencia ha permanecido igual, el matrimonio está constituido entre un hombre y una mujer.

«El matrimonio entre personas del mismo sexo es una cuestión de derecho civil»

Algunos defensores de los matrimonios del mismo sexo han intentado asociar su iniciativa para legalizar dicho matrimonio con las campañas por los derechos civiles que los afroamericanos han tenido en este último siglo. Es interesante ver que la mayoría de los afroamericanos parece estar resentida por dicho movimiento ¿Por qué el matrimonio entre personas del mismo sexo debe considerarse equivalente al movimiento por los derechos civiles? La razón principal es que el color de la piel no es un asunto de preferencia u opción; está determinado *completamente* por los genes. Pero, como ya hemos visto, no existe una relación genética con la conducta homosexual. Mientras que las personas pueden sentirse atraídas por otras del mismo sexo, ésta es una conducta que se elige. Muchas personas, en el pasado, han modificado su conducta sexual, pero nadie ha podido cambiar el color de su piel.[7] Comparar el color de la piel y la preferencia sexual es como comparar manzanas y naranjas.

«¡Pero fíjate en el porcentaje de divorcios entre los matrimonios de hoy!»

Muchos de los defensores del matrimonio entre personas del mismo sexo han fundamentado el caso sobre la base del alto porcentaje de divorcios que hay en la actualidad entre los matrimonios. «No me venga a predicar sobre el matrimonio —he oído decir a un jovencito—. Sólo mire todos los que se divorcian hoy». Como hay tantos divorcios hoy día, ¿no debería dársele una oportunidad al matrimonio gay? ¿Quiénes somos nosotros para condenar la unión entre personas del mismo sexo si hemos sido tan infieles?

Afirmar que las parejas homosexuales serán más fieles en el matrimonio se contradice rápidamente en los hechos. Mientras que las parejas lesbianas demuestran una capacidad para mantener relaciones a largo plazo, los hombres homosexuales tienen un infame historial de ser promiscuos. En realidad, todos los estudios demuestran que los hombres homosexuales necesitan tener desahogos extramatrimoniales. Un estudio realizado entre 100 parejas masculinas homosexuales que habían vivido juntas durante 5 años reveló que *ninguno* de sus integrantes permaneció exclusivamente fiel a su pareja.[8]

Conclusión

En los Estados Unidos, el matrimonio está en peligro. Desde el alto porcentaje de divorcio hasta los atrevimientos de las uniones con personas del mismo sexo, esta institución se enfrenta a retos como nunca antes. Sin embargo, a pesar de ello, Dios aún tiene para el matrimonio un propósito y un plan. El matrimonio no lo creó una sociedad caprichosa, sino que surge de la creación de Dios. Ignorar el propósito de Dios para el matrimonio es perjudicar uno de los instrumentos más importantes que Dios ha creado para que la sociedad sea sana.

Revisión

1. ¿Cuáles son los cuatro propósitos principales del matrimonio?

(a) _____

_____

_____

(b) _____

_____

_____

(c) _____

_____

_____

(d) _____

_____

_____

2. ¿Qué criterios se dan en las Escrituras que permiten el divorcio?

_____

_____

_____

_____

3. Responde a la afirmación que, en general, dice que el divorcio hace a las personas más felices.

_____

_____

4. Responde a las siguientes justificaciones sobre la unión de personas del mismo sexo:

¿Qué diferencia tiene para mí?

A los homosexuales se los discrimina.

La cultura puede redefinir el matrimonio.

El matrimonio entre personas del mismo sexo es una cuestión de derecho civil.

Pero fíjate en el porcentaje de divorcios entre los matrimonios hoy.

Pequeños grupos interactivos

1. ¿Pueden dar algunas otras razones por las cuales el matrimonio es tan importante para una sociedad sana? ¿De qué otras maneras el matrimonio fortalece la sociedad?

2. ¿Cómo pueden los cristianos mantener su compromiso con el propósito del matrimonio sin proyectar una actitud crítica y de falta de preocupación?

CAPÍTULO 10

La moralidad de la guerra

Propósito

Entender los fundamentos bíblicos sobre la guerra y aprender cómo aplicar los principios de la Biblia a un conflicto militar en particular

En este capítulo aprenderás

- A comparar y contrastar los principales tres puntos de vista cristianos sobre la guerra
- Cómo usar el criterio establecido para determinar si una guerra es justa
- Cómo evaluar la guerra contra el terrorismo desde una perspectiva bíblica

En marzo de 2003, sólo 18 meses después del colapso de las Torres Gemelas en Nueva York, los Estados Unidos comenzaron una gran ofensiva contra Irak. Once días después del comienzo de la guerra, el presidente George Bush dio un discurso y puso a los Estados Unidos al tanto de la _Operación Libertad Iraquí_: «Después de que atacaron a nuestra nación, el 11 de septiembre de 2001, los Estados Unidos tomaron una decisión: No esperaremos a que nuestros enemigos nos ataquen para nosotros actuar contra ellos. No vamos a permitirles a los terroristas ni a los Estados terroristas conspirar, planificar y fortalecerse mientras nosotros no hacemos nada... En cada caso, al actuar hoy, salvamos un sinnúmero de vidas en el futuro».[1] Los partidarios de la intervención estadounidense la justificaron como una obligación moral para detener al tirano Saddam Hussein, aliado de grupos terroristas y fabricante de armas de destrucción masiva. Pero a muchos otros, no convencidos de que Saddam era una amenaza inmediata, les pareció que esta guerra fue una distracción de la verdadera guerra de los Estados Unidos contra el terrorismo.

Imagínate que estás en un debate en tu clase sobre la moralidad de la guerra en Irak. Como estudiante cristiano, ¿de qué manera evaluarías a los estadounidenses y su participación en dicho conflicto? ¿El uso de armas de destrucción masiva de parte de Saddam en el pasado, su explícito odio por los Estados Unidos y su apoyo financiero a terroristas suicidas en Israel justificaron una invasión de los Estados Unidos en Irak? ¿O es esto un ejemplo de arrogancia militar de Occidente? ¿Los estadounidenses custodian el mundo y sus soldados arriesgan la vida en un conflicto al que los Estados Unidos no pertenecen? ¿Debería un estudiante cristiano apoyar a este gobierno o protestar contra él? ¿Con qué fundamento harías un juicio moral? ¿Y cómo incorporarías principios bíblicos en la discusión? Como cristiano, ¿de qué manera deberías pensar respecto de la guerra?

Mientras te preparas para tu presentación en el debate, otros tres estudiantes cristianos presentan sus posturas a la clase. Hay un estudiante católico, un protestante y un cristiano que tiene un hermano mayor que actualmente sirve en la milicia. A continuación hay breves introducciones de los discursos que revelan la postura básica de cada estudiante.

El cristiano cuyo hermano mayor sirve en la milicia

«Creo que nuestra generación crece en un mundo demasiado diferente al de las generaciones previas. El mundo es un lugar peligroso, y muchos líderes, que quieren destruir nuestra libertad y estilo de vida, no se detendrán por nada. La guerra es necesaria para defendernos de tiranos y también para corregir injusticias infligidas a personas en todo el mundo. Romanos 13 claramente dice que el gobierno debe usar la fuerza y, como nosotros somos ciudadanos del gobierno, debemos apoyar nuestra milicia. También apoyo los ataques preventivos, que son necesarios cuando hay una amenaza inminente».

El estudiante protestante

«Una lectura detenida de la Biblia nos demuestra que Jesús *nunca* apoyaría una guerra. Jesús les enseñó a sus seguidores a "dar la otra mejilla" y dejarle la venganza a Dios.

Él nunca aprobó la violencia como un medio espiritual o gubernamental. De hecho, en el Sermón del Monte, Jesús dice: "Bienaventurados los pacificadores", que claramente excluye a aquellos quienes apoyan la guerra militar de cualquier tipo. La guerra no sólo contradice las enseñanzas bíblicas, sino que también degrada la vida humana. Toda vida es sagrada, y nunca se aceptará de buen grado quitarle la vida a otro ser humano. No sólo la guerra contra Irak es injustificable, sino también todo uso de violencia».

El estudiante católico

«Creo que las únicas guerras que pueden justificarse son las que se dan en defensa propia. En 1 Timoteo 5:8 queda claro que debemos proteger y proveer a nuestras familias. De la misma manera, creo que una autoridad gubernamental tiene el derecho moral de defender sus fronteras de agresores hostiles. Más allá de eso, simplemente no puedo apoyar ningún uso agresivo de fuerzas militares a menos que otra nación haya iniciado la agresión. Por lo tanto, las únicas guerras justificables son aquellas como la Segunda Guerra Mundial, donde las fuerzas aliadas se juntaron para derrotar a los nazis. Como Irak no atacó directamente a los Estados Unidos, es debatible si cabía el derecho de invadirlos a ellos primero».

De las posturas previas, ¿con cuál estás más de acuerdo? Claramente, como se contradicen unos a otros, no pueden todos estar en lo cierto. ¿Pero cuál es más acorde con el mensaje de la Biblia? ¿Cuál debería ser la actitud de un cristiano respecto de la guerra?

Básicamente hay tres posturas cristianas prominentes en torno de la participación en la guerra: el activismo, el pacifismo y la teoría de la guerra justa. Aunque las tres posturas están en desacuerdo sobre el rol del cristiano en cuanto a la guerra, *todos están de acuerdo en que la iglesia nunca debe usar la violencia para llevar adelante su misión espiritual.*

Activismo bíblico

El primer estudiante tiene la postura conocida como *activismo bíblico.* Los activistas bíblicos sostienen que los cristianos deben participar en cada guerra del gobierno porque a éste lo instituye Dios. Los que apoyan esta postura con frecuencia citan numerosos ejemplos bíblicos que claramente indican que Dios es quien instituye los gobiernos.

El Antiguo Testamento

El primer mandato que la Biblia da para los hombres y las mujeres es: «Sean fructíferos y multiplíquense; llenen la tierra y sométanla» (Gén. 1:28 NVI). Al hombre se lo destinó a tener dominio sobre la tierra entera. A Adán se le dio la corona para reinar sobre todo el mundo y a Noé la autoridad para hacer cumplir las reglas. Desde el principio de los tiempos, Dios instituyó el gobierno para crear orden en el mundo y controlar el desorden.

Hasta el profeta Daniel declaró: «Hasta que conozcas que el Altísimo tiene dominio en el reino de los hombres, y que lo da a quien él quiere» (Dan. 4:25). El resto del libro de Daniel deja claro que Dios controló a los poderosos reinos de Babilonia, Persia, Grecia y Roma. Está claro que Dios predetermina el gobierno donde sea que se encuentre. Entonces, los activistas argumentan que desobedecer al gobierno es desobedecer a Dios mismo. Por lo tanto, un cristiano debe ir a la guerra si el gobierno lo ordena, por obediencia a Dios.

El Nuevo Testamento

El Nuevo Testamento apoya el mensaje del Antiguo Testamento que dice que Dios establece el gobierno. En Mateo 22:21 Jesús dijo: «Dad, pues, a César lo que es de César, y a Dios lo que es de Dios». En su juicio ante Pilato, Jesús otra vez reconoció el rol de Dios en establecer gobiernos: «Ninguna autoridad tendrías contra mí, si no te fuese dada de arriba» (Juan 19:11). En su carta a Tito, Pablo le dice: «Recuérdales que se sujeten a los gobernantes y autoridades, que obedezcan, que estén dispuestos a toda buena obra» (Tito 3:1). Y Pedro le advierte a los seguidores de Jesús: «Sométanse por causa del Señor a toda autoridad humana, ya sea al rey como suprema autoridad, o a los gobernadores que él envía para castigar a los que hacen el mal y reconocer a los que hacen el bien» (1 Ped. 2:13-14 NVI).

Romanos 13:1-7 es la discusión más extensa en el Nuevo Testamento que trata sobre el cristiano y el papel del gobierno. En los primeros dos versículos de este pasaje, Pablo dice: «Sométase toda persona a las autoridades superiores; porque no hay autoridad sino de parte de Dios, y las que hay, por Dios han sido establecidas. De modo que quien se opone a la autoridad, a lo establecido por Dios resiste; y los que resisten, acarrean condenación para sí mismos». Los activistas bíblicos concluyen que los cristianos deben apoyar las guerras que el gobierno inicia porque Dios les dio autoridad a quienes gobiernan.

CRÍTICA AL ACTIVISMO BÍBLICO

Se puede obtener mucha verdad del activismo bíblico. Es inevitable concluir que algunas guerras son justas y que los cristianos deben participar. Pero, ¿habrán realmente querido decir los autores bíblicos que *todos* los gobiernos a lo largo de la historia fueron justos en *todas* sus acciones? ¿Debería un cristiano apoyar sin cuestionar todas las acciones de un gobierno humano?

La Biblia sí enseña que hay momentos en que está bien desobedecer al gobierno, en especial cuando sus ordenanzas se contraponen a las leyes morales de Dios. Por ejemplo, Sadrac, Mesac y Abednego desobedecieron claramente a las autoridades de gobierno cuando se rehusaron a postrarse ante un ídolo (Dan. 3). Daniel rechazó obedecer la ley que le prohibía orar a Dios (Dan. 6). En el comienzo de Éxodo, el faraón ordenó a las parteras matar a los niños recién nacidos de Israel, pero éstas se rehusaron y recibieron bendición de Dios (Ex. 1). Hasta los padres de Jesús desobedecieron al gobierno y se rehusaron a entregar a Jesús a los secuaces de Herodes, que mataban a los niños recién nacidos (Mat. 2). Aunque Dios ordene a los gobiernos, uno debe desobedecer al gobierno cuando sus ordenanzas están en conflicto con las leyes del Señor en cuanto a proteger la vida humana inocente. Aunque el activismo bíblico señala puntos importantes, no puede explicar todo el rango de información bíblica sobre la guerra. Los cristianos están claramente llamados a mantenerse firmes y hacer el bien, aunque eso signifique tomar una postura en contra del gobierno.

También hay problemas con el activismo bíblico fuera de la Biblia. Por ejemplo, aprueba el principio que dice «el poder de la fuerza». En otras palabras, el que tiene más poder puede decir qué es correcto hacer. Por lo tanto, lo que sea que el Estado haga, está bien, ya que tiene más poder que los demás. La historia revela rápidamente que el Estado puede ser en extremo corrupto y brutal. Si la fuerza diera la razón, entonces tendríamos que aprobar las decenas de millones de muertes que los gobiernos comunistas ocasionaron durante el siglo XX porque el poder del Estado las causó. El Estado claramente puede estar equivocado porque hay un estándar para el bien y el mal más allá de la creación humana.

Pacifismo

En el ejemplo anterior, el estudiante protestante presentó la postura conocida como *pacifismo*. Los pacifistas dicen que nunca se justifica que un cristiano participe en una guerra. El fundamento del pacifismo se encuentra en ambos testamentos de la Biblia. Uno de principales pasajes que se citan es el sexto mandamiento: «No matarás». El punto central del pacifismo propone que tomar la vida de una persona inocente intencionalmente *siempre* es incorrecto. Esta prohibición en las Escrituras incluye la guerra, debido a que mueren numerosas personas, se siegan muchas vidas inocentes. Como Jesús reafirmó este mandamiento del Antiguo Testamento cuando dijo: «Amen a sus enemigos y oren por quienes los persiguen» (Mat. 5:44 NVI), el pacifista cree que simplemente no es cristiano envolverse en cualquier guerra que le quite la vida a una persona inocente.

Algunos pacifistas creen que cuando Jesús enseña «no resistan al que les haga mal» (Mat. 5:39 NVI), se aplica tanto a individuos como a los gobiernos del país. El amor, se argumenta, nunca perjudicaría a otro ser humano. Aunque mi país esté en guerra, argumentan los pacifistas, debo dar la otra mejilla sin importar lo que otros hagan.

Según Isaías 9:6, Jesús es el «Príncipe de Paz». Él dijo «Mi reino no es de este mundo. Si mi reino fuera de este mundo, mis servidores pelearían para que yo no fuera entregado a los judíos; pero mi reino no es de aquí» (Juan 18:36). Las armas con que luchamos no son de este mundo (2 Cor. 10:4 NVI). Los seguidores de Jesús deben amar a sus enemigos (Mat. 5:44), para vencer el mal con el bien (Rom. 12:21), y orar por aquellos que los persiguen (Mat. 5:44). El derecho de quitar la vida le pertenece sólo a Dios, el autor de la vida (Job 1:21). Los humanos simplemente no tienen derecho a matar.

A la luz de estos mandatos bíblicos, los pacifistas sostienen que la participación en la guerra es incompatible con ser un creyente en Jesús. Los pacifistas concluyen con la afirmación de que la confianza en Dios y el uso de medios no violentos son las únicas maneras apropiadas para detener el avance del mal en el mundo.

CRÍTICA AL PACIFISMO

Tal como en el caso del activismo bíblico, hay mucha verdad en el pacifismo. Cierto uso de la fuerza es injusto y los cristianos no deberían participar en tales acciones. Pero el pacifismo no coincide completamente con los datos bíblicos. El primer problema con el pacifismo es su argumentación de que los humanos no deben matar. El sexto mandamiento se traduce más apropiadamente como: «No asesinarás». Aunque todo asesinato implica una muerte, *no toda muerte es un asesinato*. La pena de muerte termina con una vida humana, pero no es asesinato. De hecho, en Génesis

9:6 Dios dice: «El que derramare sangre de hombre, por el hombre su sangre será derramada; porque a imagen de Dios es hecho el hombre». Matar en defensa propia no es un asesinato (Ex. 22:2). De igual manera, la guerra en defensa de los inocentes tampoco es un asesinato. El pacifismo no toma en consideración el mensaje *completo* de Cristo. Aunque Jesús claramente enseñó estar en paz con otros, tanto como sea posible, apelar al ejemplo de Jesús no apoya el pacifismo en *toda* circunstancia. Hasta Jesús mismo será un gran conquistador militar al final de los tiempos, según la profecía bíblica.

Al analizar los mandamientos de Jesús en cuanto al uso de la fuerza, la pregunta clave es si dio una prohibición absoluta sobre *cualquier* uso de la fuerza que una autoridad cristiana ejerce o si dio un principio general para las relaciones interpersonales. Parece mejor interpretar las enseñanzas de Jesús respecto de resistir el mal como principios concernientes a las relaciones privadas y no como mandamientos que se puedan aplicar a *toda* situación pública. Porque Jesús dijo que cortaran la mano y sacaran el ojo del que cometiera pecado sexual, pero Él mismo no aplicó tales acciones a la mujer adúltera que halló junto al pozo de agua.

Una crítica más sobre el pacifismo es su prohibición de toda violencia. Imagínate que alguien que entró por la fuerza a tu casa ataca brutalmente a un miembro de tu familia. Se trata de un asesino maníaco que de manera arbitraria eligió tu hogar, y si no reaccionas de inmediato, tu familia podría morir. No tienes tiempo suficiente para llamar a las fuerzas del orden. Entonces, ¿cómo deberías actuar? ¿Qué es lo más coherente con tu compromiso cristiano? Podrías intentar desarmarlo sin herirlo, ¿pero cómo puedes asegurar que eso sea posible? ¿Y si la única manera de detenerlo es con su muerte? Acá se argumenta que, como tienes una mayor responsabilidad moral al proteger a tu familia, la fuerza es aceptable. La única manera que podrías realmente cumplir con la ley de amar a tu familia sería resistir al atacante, lo cual podría incluir el uso de la fuerza letal. De hecho, negarte a usar tal fuerza podría no ser la acción más amorosa para tu familia. Algunas veces el uso de la fuerza es inevitable para un individuo y una nación. Por estas razones, muchas personas se oponen al pacifismo y creen que usar la fuerza es, con frecuencia, lo *correcto*.

La teoría de la guerra justa

Aunque sea cierto que el mensaje de Jesús fue principalmente pacifista, también la Biblia reconoce que las fuerzas militares tienen un rol importante en mantener una sociedad justa. De hecho, algunos han argumentado que el pacifismo hasta contribuiría a la expansión del mal al no resistir su crecimiento. Muchos citan la famosa frase que dice: «Lo único necesario para que el mal triunfe es que los hombres buenos no hagan nada». Aunque la guerra no es el ideal de Dios, es, como vimos con el divorcio, inevitable en un mundo caído y pecaminoso. Algunos de los personajes bíblicos más santos han participado en guerras. Considera algunos:

- *Abraham* luchó para resistir a los reyes que agredían injustamente a su sobrino Lot (Gén. 14).

- *Pablo* buscó protección de la milicia cuando apeló a su ciudadanía romana (Hech. 22:25-29). En una ocasión un pequeño ejército de soldados protegió a Pablo (Hech. 23:23).

- Mientras *Jesús* les prohibió el uso de la fuerza para llevar el mensaje del evangelio a sus discípulos, los instruyó para que llevaran una espada, aparentemente para protección (Luc. 22:36-38).

- De principio a fin del Antiguo Testamento, a *Israel* se le ordenó ir a la guerra. Dios eligió la fuerza física como un medio necesario para que su nación elegida lograra sus propósitos (Jos. 6-12; 2 Sam. 5:17-25; 1 Rey. 20).

- Dos veces en el Nuevo Testamento, se les instruyó a los *soldados* cómo ser aceptables para Dios, y en ninguna de estas ocasiones se les dice que deben dejar la milicia. Ni Pedro ni Jesús dijeron: «Dejen la milicia y no pequen más». Sin embargo, esto es lo que esperaríamos si el servicio militar fuera incorrecto. ¿Le habría dicho Jesús a una prostituta que simplemente no les cobrara demasiado a sus clientes?

Entonces, ¿cómo puede el llamado de Jesús a vivir en paz con los demás ser compatible con la realidad de la guerra y el rol bíblico de la milicia? Aunque ambas posturas, el activismo bíblico y el pacifismo, tienen su verdad, hay una tercera opción que coincide mejor con la integridad del mensaje bíblico. La postura que ha sido la más dominante en la iglesia es la *teoría de la guerra justa*. Según esta postura, los cristianos sólo deben participar en *algunas guerras*: las *justas*. Los que apoyan esta perspectiva opinan que la guerra se justifica cuando existen ciertas condiciones que se establecen con sumo cuidado, más precisamente cuando se responde, en defensa propia, a un agresor al que no se lo provocó. Los defensores de la teoría de la guerra justa reconocen que la guerra es horrorosa, pero a veces necesaria para mantener la seguridad dentro de los límites de su país.

Solamente si una campaña militar reúne estos siete criterios, se la puede considerar justificable.

1. *Una causa justa:* Sólo las guerras defensivas como respuesta a la agresión pueden justificarse. Por ejemplo, el ataque japonés a Pearl Harbor fue una causa justa para que los Estados Unidos respondieran mediante una declaración de guerra.

2. *Una intención justa:* La intención de la guerra debe ser asegurar una paz justa para todos los involucrados. Una guerra no se justifica cuando se basa en el deseo económico, conquistador o la venganza. Las guerras de genocidio claramente contradicen este criterio.

3. *El último recurso:* Antes de atacar a los opositores, se debe hacer todo el esfuerzo diplomático posible para resolver el conflicto de manera pacífica. La guerra sólo puede ocurrir cuando todas las negociaciones fallaron.

4. *Una declaración formal:* La guerra le compete al gobierno, no a los individuos. Por lo tanto, deben declararla las más altas autoridades y reconocerla los entes legislativos apropiados. El elemento sorpresa aún puede mantenerse, pero la decisión de ir a la guerra descansa sobre las autoridades del gobierno, no en los individuos.

5. *Un objetivo limitado:* El propósito debe asegurar la paz, no devastar a conciencia la infraestructura de una nación. Aunque puedan destruirse las capacidades militares, deben tomarse los cuidados pertinentes para que la nación sobreviva después de la contienda.

6. *Medios proporcionales:* La fuerza que se utiliza debe limitarse a lo que sea necesario para combatir la amenaza y asegurar la paz. La destrucción innecesaria, quizás un ataque nuclear está excluido de este criterio.

7. *Respetar la inmunidad del que no combate:* Las operaciones militares sólo pueden tener en la mira a aquellos que representan su gobierno. Civiles, médicos, soldados heridos y prisioneros de guerra no pueden ser objetos de ataque.

Dos anexos importantes de la teoría de la guerra justa

ATAQUES PREVENTIVOS

Muchos aplican también la teoría de la guerra justa para que incluya los *ataques preventivos*, lo que sería una guerra que se inicia con anticipación, en lugar de ser una respuesta a un acto de agresión. Si es obvio que un enemigo está preparado para un ataque inminente y es capaz de infligir un golpe devastador, ¿por qué debería la nación víctima esperar el ataque? Un ataque preventivo hasta puede verse como una guerra en defensa propia si las señales de peligro son claras. Hay mucho debate sobre la forma en que este criterio se aplica a la guerra en Irak. El uso de armas biológicas que Saddam implementó en el pasado y su deseo de conseguir nuevas armas de destrucción masiva ¿justificaron el ataque preventivo en marzo de 2003? ¿O los Estados Unidos sobrepasaron sus derechos al no recibir los ataques primero? El ejemplo clásico de una guerra justificable fue el golpe de Israel en la llamada Guerra de los Seis Días, en 1967. La nación israelí poseía un servicio de inteligencia extremadamente confiable, que indicó que sus enemigos árabes, situados en las fronteras, estaban por hacerla desaparecer. Sobre la base de esa información, hubiera sido absolutamente incompetente esperar el ataque. Israel dio el primer golpe a sus vecinos y ganó una de las guerras más decisivas de la historia moderna. No obstante, el golpe fue en defensa propia. Si uno acepta la teoría de la guerra justa, entonces, por lógica, podría aceptar los ataques preventivos.

Terrorismo

Es obvio que los terroristas no juegan según las reglas internacionales de enfrentamiento. Matan inocentes, decapitan cautivos y apuntan a destruir por completo la moral de sus enemigos. Escuché a un terrorista de Oriente Medio decir en una entrevista televisiva: «Queremos que las personas en los Estados Unidos *sientan* lo que es el terror». Entonces, ¿cambian las reglas de guerra cuando se trata de terroristas?

El primer paso para contestar esta pregunta es definir a un terrorista. En Romanos 13, Pablo aclara que un criminal es alguien que de manera intencional hace el mal y amenaza la paz civil de una nación. Por otra parte, una amenaza externa a la seguridad del Estado, como el terrorismo, se considera un acto de guerra, el cual el gobierno debe manejar. En resumen, los criminales amenazan al Estado internamente; los ejércitos extranjeros, externamente. Los terroristas, entonces, son soldados extranjeros que amenazan el bienestar de un país.

Los delincuentes deberían temerle al gobierno. Pero, desafortunadamente, muchos países esconden grupos terroristas y le prestan su apoyo. Desde la perspectiva de un estadounidense, esto hace que tanto los terroristas como los países que los albergan sean enemigos del gobierno de los Estados Unidos, especialmente cuando capturan y matan civiles estadounidenses con fines militares y por razones de política exterior. Entonces,

¿qué significa esto para la guerra contra el terrorismo? A continuación, algunas consideraciones importantes.[2]

1. Los terroristas deben considerarse criminales extranjeros y también *soldados* que tienen la intención de destruir la estructura misma del gobierno estadounidense. Ellos son blancos militares que deben ser detenidos, ya que son agresores armados listos para atacar.

2. Cuando luchamos contra el terrorismo es importante darse cuenta de que hablamos de una *guerra*, no de la preservación de la paz civil. En los asuntos civiles, las personas son inocentes hasta que pueda probarse su culpabilidad. Pero en la guerra, antes de ejecutar cualquier acción, se realizan todo tipo de investigaciones, se obtienen testimonios y se indagan los hechos. Una vez que se termina la investigación, no hay más indagaciones hasta derrotar al enemigo. Y todo aquel que le brinda apoyo al enemigo, es culpable.

3. A pesar de que la diplomacia internacional debe ser la primera acción que los Estados Unidos contemplen al lidiar con el terrorismo, la verdad es que en gran medida los esfuerzos diplomáticos han fallado en convencer a los gobiernos de Oriente Medio a unirse a los Estados Unidos para combatir el terrorismo. Se debe aclarar que las naciones que no castigan el terrorismo son cómplices de los terroristas, y por ende están expuestas a las consecuencias de permitir tener fuerzas militares hostiles en sus fronteras.

4. Éxodo 21 pone de manifiesto que el castigo debe ser proporcional al crimen. Aunque los terroristas no se manejen con las reglas para la guerra, esto no debe usarse como una excusa para el castigo excesivo o la humillación. Las reacciones extremas son injustas y también alimentan el sentimiento antinorteamericano.

Conclusión

Hemos visto las variadas posturas sobre la guerra dentro del ámbito cristiano. Aunque los cristianos con buenas intenciones tienen posturas diferentes respecto de la moralidad de la guerra, la teoría de la guerra justa parece concordar mejor con el mensaje bíblico. Sólo si un enfrentamiento militar reúne estos criterios puede considerarse una guerra justa. Los cristianos pueden participar con razón en algunas guerras sin temor a contradecir elementos clave de la fe. De hecho, con frecuencia, apoyar una guerra puede ser lo *correcto*.

No debemos olvidar que la guerra es algo serio y *no* debe tomarse a la ligera. No debemos ser imprudentes en cuanto a la guerra ni tampoco asentir con entusiasmo y apoyarla sin primero medir el costo. La guerra devasta vidas y con frecuencia es causa de suma destrucción. Sólo debe considerarse cuando no quedan más opciones.

Revisión

1. Define las tres posturas cristianas en cuanto a la guerra:

Activismo bíblico _____

_____

_____

Pacifismo _____

_____

_____

Teoría de la guerra justa _____

_____

_____

2. ¿Qué evidencias se dan para apoyar el activismo bíblico? ¿Qué críticas han surgido?

_____

_____

_____

_____

_____

_____

3. ¿Qué evidencias se dan para apoyar el pacifismo? ¿Qué críticas han surgido?

_____

_____

_____

_____

_____

_____

4. ¿Qué ejemplos de guerras se encuentran en la Biblia? ¿Qué criterios debe cumplir una guerra para que sea justa?

_____

_____

_____

_____

_____

_____

_____

5. Según la teoría de la guerra justa, ¿puede un ataque preventivo justificarse? ¿Por qué? ¿Por qué no?

_____

_____

_____

_____

_____

_____

6. ¿Cómo podría ser la postura de un cristiano en cuanto al terrorismo?

_____

_____

_____

_____

_____

Pequeños grupos interactivos

1. ¿Cómo resulta la guerra en Irak cuando se la compara con los siete criterios para una guerra justa? ¿Y otras guerras en la historia de los Estados Unidos (como la guerra revolucionaria, civil o contra los indios) o en tu país? ¿Y otras guerras de la historia del mundo?

2. Se ha dicho que la guerra contra el terrorismo es en realidad una guerra contra las ideas. ¿Qué crees que esto significa? ¿Por qué las ideas juegan un papel importante en los conflictos del mundo?

CAPÍTULO 11

Cómo conocer la voluntad de Dios

Propósito

Entender la voluntad de Dios y aprender cómo tomar decisiones sabias

En este capítulo aprenderás

- Cinco principios para conocer la voluntad de Dios
- La voluntad de Dios tiene que ver con quién eres más que con qué haces
- La manera en que Dios provee especial guía a sus seguidores
- La manera de tomar decisiones sabias

Una de las preguntas más comunes que me hacen los jóvenes de todas partes es cómo puedo conocer la voluntad de Dios para mi vida. Para serte sincero, esta pregunta me angustió profundamente durante años. ¿Qué quiere Dios que haga? ¿Y si desaprovecho su voluntad? Durante varios años difíciles, vi la voluntad de Dios como algo escondido, tal como un mensaje en código en un mapa del tesoro. Pensé que mi misión era buscar por allí mientras Dios me enviaba algunas pistas como: «¡Te acercas!»[1] Otras veces temía que su voluntad sólo se me revelara si Él tomaba algo que realmente me gustaba, como el básquetbol. Mientras que otras personas parecían estar seguras de la voluntad de Dios, yo no sentía lo mismo.

Conocer la voluntad del Señor ya no es un problema para mí, ni tampoco debe serlo para ti. Hay unos pocos principios bíblicos que he aprendido sobre la voluntad de Dios que han transformado la manera en que tomo las decisiones. En las próximas páginas me gustaría compartirlos contigo. Entonces, ¿qué es la voluntad de Dios y cómo la conocemos? Es importante tener en mente que gran parte de su voluntad ya se ha revelado en las Escrituras.

Conocer la voluntad de Dios

Principio Nº 1: La voluntad de Dios es que la gente sea redimida.

Génesis 6–9 registra el Diluvio que destruyó todo lo que había en el mundo. «Y se corrompió la tierra delante de Dios, y estaba la tierra llena de violencia. Y miró Dios la tierra, y he aquí que estaba corrompida; porque toda carne había corrompido su camino sobre la tierra» (Gén. 6:11-12). De toda la gente que había en el mundo, Noé fue la única persona que «con Dios caminó». A pesar de que de antemano se les advirtió a las personas que el mundo se destruiría, ignoraron las advertencias a riesgo propio.

Miles de años después, el apóstol Pedro reconoce una tendencia similar infiltrada en la iglesia. Entonces, en la segunda epístola de Pedro, advierte sobre los falsos maestros (a quienes los compara con perros que vuelven a su vómito) que negaban la segunda venida de Jesús. La gente se olvida del Diluvio y asume que la vida continuará como es en el presente, para siempre. En consecuencia, se burlan del juicio de Dios, de la misma manera que lo hicieron en los días de Noé. «Pero —exclama Pedro—, el día del Señor vendrá como ladrón en la noche; en el cual los cielos pasarán con grande estruendo, y los elementos ardiendo serán deshechos, y la tierra y las obras que en ella hay serán quemadas» (2 Ped. 3:10). En otras palabras, sólo porque no podemos ver el juicio inminente de Dios no significa que Él no pueda actuar. Dios ha hecho una promesa y la mantendrá. «El Señor no retarda su promesa, según algunos la tienen por tardanza, sino que es paciente para con nosotros, no *queriendo* que ninguno perezca, sino que todos procedan al arrepentimiento» (2 Ped. 3:9).

El primer aspecto de la voluntad de Dios es que, al creer en su Hijo Jesucristo, la gente puede ser salva. Pablo dice en 1 Timoteo 2:4: «El cual quiere que todos los hombres sean salvos y vengan al conocimiento de la verdad». La voluntad de Dios es que todas las personas se vuelvan a Él arrepentidas y se salven. Si andas a los tropezones en la vida con la intención de conocer la voluntad de Dios, pero nunca le pediste al Señor que te perdonara los pecados, entonces ni siquiera estás en el inicio de la voluntad de Dios. El primer requisito para conocer su voluntad es tu salvación. Si nunca has entregado tu vida como un discípulo de Jesús, entonces Dios no tiene motivos para revelarte algo más respecto del perfil de tu vida. El problema con este criterio es que la gente hoy se ofende con rapidez debido al pecado. ¿Quién quiere confrontarse con su propio pecado? En vez de hacernos responsables por nuestra propia vida, se nos enseña que somos víctimas de nuestra familia, genes o raza. Pero la Biblia es clara: «Si decimos que no hemos pecado, le hacemos a él mentiroso, y su palabra no está en nosotros» (1 Juan 1:10). Debes ser lo suficientemente audaz como para admitir que todos somos pecadores y que necesitamos con desesperación de la gracia de Dios. La voluntad del Señor es que tú seas salvo y que llegues a otros con su plan de salvación. Hay un mundo vencido y dolido que necesita del amor y el perdón de Dios, y *tú* eres el agente que trae ese mensaje a este mundo.

PRINCIPIO Nº 2: LA VOLUNTAD DE DIOS ES QUE LAS PERSONAS SEAN LLENAS DEL ESPÍRITU SANTO.

Los jóvenes con frecuencia me dicen: «No entiendo por qué Dios no me ha revelado a qué universidad debo ir o qué hacer con mi vida. ¿Por qué Dios no me revela cabalmente su voluntad?» No obstante, en muchos casos, estos estudiantes no viven aún en el poder del Espíritu Santo, que Dios ya ha revelado como parte de su voluntad. Entonces, ¿qué significa vivir *una vida llena del Espíritu*?

En el momento de la salvación, el Espíritu Santo entra en la vida de *cada* cristiano. Como resultado, tienes el potencial para vivir una valiente vida de fe si estás dispuesto a someter el control de tu vida a Él. Tal como lo aprendimos en el segundo capítulo, el Espíritu Santo es el que nos declara culpables de pecado y el que nos equipa con la fuerza necesaria para hacer lo correcto. Siempre es sorprendente para mí ver cómo unos pocos jóvenes se dan realmente cuenta de esta poderosa verdad. Cuando escucho a los cristianos comentar: «Dios, envíame tu Espíritu», con frecuencia me pregunto por qué no se dan cuenta de que Dios ¡ya está presente en sus vidas! El Espíritu Santo no es una fuerza que viene dosificada, es una persona que vive en ti. Tal como lo dijo el apóstol Pablo: «¿O ignoráis que vuestro cuerpo es templo del Espíritu Santo, el cual está en vosotros, el cual tenéis de Dios?» (1 Cor. 6:19).

Puesto que tenemos el Espíritu Santo, también tenemos el poder de Dios en nuestra vida. Porque Jesús dijo: «Pero recibiréis poder, cuando haya venido sobre vosotros el Espíritu Santo, y me seréis testigos en Jerusalén, en toda Judea, en Samaria, y hasta lo último de la tierra» (Hech. 1:8). En griego, el idioma original del Nuevo Testamento, la palabra poder proviene de *dinamis* (dinamita). En otras palabras, los cristianos caminan con el poder de la dinamita que hay en ellos si están dispuestos a vivir en la luz de dicha verdad.

Pedro es un ejemplo de alguien que fue milagrosamente valiente cuando acompañó a Cristo. Estuvo dispuesto a salir de la barca en medio de la tormenta y a atacar a los guardias romanos en el momento en que arrestaron a Jesús. Pero cuando Jesús se fue, Pedro enseguida perdió su valentía. Negó a Cristo tres veces tan pronto como advirtió que su vida corría peligro. Pero apenas el Espíritu Santo descendió sobre él, Pedro se transformó en un audaz seguidor de Dios y se enfrentó a la persecución con máxima osadía. ¿De dónde obtuvo Pedro esa fortaleza? Provino de estar «lleno del Espíritu Santo» (Hech. 2:4). El mismo poder está a tu alcance si estás dispuesto a someter el control de tu vida a Dios por medio de la fe.

Principio N° 3: La voluntad de Dios es que la gente sea pura.

Es en vano que los jóvenes (o los no tan jóvenes) le pidan a Dios que les revele su voluntad *personal* para sus vidas si no están dispuestos a seguir su voluntad *moral*. ¿Realmente quieres conocer la voluntad de Dios para tu vida? Bien, es ésta: «La voluntad de Dios es que sean santificados; que se aparten de la inmoralidad sexual» (1 Tes. 4:3 NVI). Dios anhela que cada cristiano sea puro. Es absurdo que un joven que mantiene relaciones sexuales diga: «Dios, revélame tu voluntad». Esa persona ignora la voluntad moral de Dios, entonces ¿por qué debería Él revelar más de su voluntad?

¿Digo que no puedes ir de la mano de tu novio o novia? No se trata de eso. ¿Digo que no pueden besarse? Tampoco se trata de eso. Con frecuencia los estudiantes de secundaria me preguntan: «¿Hasta dónde es demasiado lejos?» La Biblia dice: «Todo lo que es verdadero, todo lo honesto, todo lo justo, todo lo puro, todo lo amable, todo lo que es de buen nombre; si hay virtud alguna, si algo digno de alabanza, en esto pensad» (Fil. 4:8). Dios puede bendecirte solamente cuando lo que tú hagas sea verdadero, honesto, justo y puro. Cuando te controla más la lujuria que el Espíritu de Dios, ya no estás en la voluntad del Señor.

Ser puro también significa controlar tu cuerpo y tus ojos. La voluntad de Dios es «que cada uno aprenda a controlar su propio cuerpo de una manera santa y honrosa» (1 Tes. 4:4 NVI). Esto significa controlar lo que miras con tus ojos y la manera en que te vistes.

PRINCIPIO N° 4: LA VOLUNTAD DE DIOS ES QUE LA GENTE SE SOMETA A LAS AUTORIDADES RESPECTIVAS. Pocas personas se dan cuenta que de los diez mandamientos, el primero que se refiere a las relaciones interpersonales es el quinto: *Honra a tu padre y a tu madre.* Los primeros cuatro mandamientos tienen que ver con la relación entre Dios y las personas; y los últimos seis, con las relaciones interpersonales. ¡Honrar a nuestros padres está enunciado antes de los mandamientos que dicen: no mentir, ni matar ni robar! Dios fue tan severo respecto de la obediencia a los padres que, en los tiempos del Antiguo Testamento, se mataba a los jóvenes que deshonraban a sus padres. Aunque podemos estar agradecidos de que ése ya no sea más el caso, esto nos da una idea de cuán altos son los valores de Dios sobre el respeto a los padres. *La voluntad de Dios es simple: Obedece a tus padres y a las autoridades respectivas.*

Dice 1 Pedro 2:18: «Estad sujetos con todo respeto a vuestros amos [padres, maestros, entrenadores]». Quizá te pase por la mente: *Pero señor Sean McDowell, usted no conoces a mis padres.* Sin embargo el versículo continúa: «...no solamente a los buenos y afables, sino también a los *difíciles de soportar*». ¿Tienes padres insoportables? ¿Qué debes hacer tú? Someterte con respeto. Por supuesto, que si una autoridad te pide que hagas algo en contra de los mandatos supremos de Dios, entonces debes obedecer a Dios. Pero estas situaciones son pocas y suceden de tanto en tanto.

PRINCIPIO N° 5: LA VOLUNTAD DE DIOS ES QUE LA GENTE PADEZCA POR HACER EL BIEN. Ser cristiano no siempre es fácil. Si de verdad quieres respaldar lo que está bien, *te perseguirán.* Cualquiera que trate de decirte algo diferente adultera el mensaje de Cristo. Por eso el apóstol Pedro escribió: «Porque mejor es que padezcáis haciendo el bien, si la voluntad de Dios así lo quiere, que haciendo el mal» (1 Ped. 3:17). Se pueden burlar de ti porque no bebes o no vas a ver cierta película. Tu familia se puede distanciar de ti porque elegiste seguir a Cristo. Te pueden rechazar porque compartes tu fe. *Pero la voluntad de Dios es simple. Confía en Él cuando sufres porque haces lo correcto.*

Si eres un cristiano lleno del Espíritu Santo, sufrirás por hacer el bien. Si vives según los parámetros de Dios en un mundo impío, sufrirás. El apóstol Pablo escribió: «Y también todos los que quieren vivir piadosamente en Cristo Jesús padecerán persecución» (2 Tim. 3:12). Pueden pensar: «Pero no sufro persecución». Entonces es posible que no obres bien o no respaldes lo correcto. Si sufres, entonces alégrate: «Dichosos ustedes si los insultan por causa del nombre de Cristo, porque el glorioso Espíritu de Dios reposa sobre ustedes» (1 Ped. 4:14 NVI).

¡La voluntad de Dios eres tú!

La voluntad de Dios es que seas salvo, lleno del Espíritu Santo, puro, sujeto a las autoridades respectivas y que confíes en Él en medio del sufrimiento. La Biblia deja bien en claro que ésta es la voluntad de Dios para tu vida. Aun así puedes pensar: *«¿Qué hay de la voluntad específica de Dios para mi vida? ¡Creí que me ibas a decir cómo saber a qué universidad ir o cómo encontrar a mi cónyuge!»*

Bueno, si eso es lo que buscas, entonces aquí tienes un último principio: Si tú has seguido de verdad los primeros cinco principios, entonces tienes la libertad de tomar decisiones según tus propios deseos. Si vives una vida según los parámetros de Dios, Él te dará los deseos adecuados. Por eso el salmista dice: «Deléitate asimismo en Jehová, y él te concederá las peticiones de tu corazón» (Sal. 37:4). En otras palabras, si primero le damos el control de nuestras vidas a Dios, entonces somos libres para decidir porque Él es realmente quien guía nuestra vida. ¿Ves? la voluntad de Dios no se trata de lo que haces, *sino de quién eres.* La voluntad de Dios no se trata de a qué universidad irás, sino de la clase de estudiante que eres. La voluntad de Dios no se trata de con quién estés de novio, sino de la manera en que tratas a la persona del sexo opuesto. Dios te ha dignificado con la libertad para tomar decisiones.

El doctor John MacArthur explica la esencia de la voluntad de Dios: «Verás, la voluntad de Dios no se trata, en primera instancia, de un lugar. La voluntad de Dios no es para que tú vayas allá o trabajes aquí. La voluntad de Dios se remite a ti, como persona. Si tú eres quien tienes que ser, puedes seguir tus propios deseos y cumplir con la voluntad del Señor».[2]

Aquí tienes un principio para llevarte a casa: *No esperes que Dios te dé una pauta especial personalizada. ¡Participa YA!* Sé parte de un grupo de jóvenes, las misiones, un club bíblico o un estudiante que evangelice a otros. Desarrolla convicciones respecto de lo que crees y por qué lo crees. Cuando comiences a movilizarte, Dios te guiará en la dirección que Él desea que tú vayas. Por eso el autor de Proverbios expresa: «El corazón del hombre traza su rumbo, pero sus pasos los dirige el Señor» (Prov. 16:9 NVI).

¿Qué hay del plan específico de Dios para mi vida?

Conozco la *voluntad específica* de Dios para tu vida. Cuando les digo esto a mis estudiantes, con frecuencia creen que he recibido una palabra especial de parte de Dios, y que les voy a decir a qué universidad deben ir o con quién se casarán algún día. Sin embargo, se refleja en sus ojos la decepción cuando les hablo de los cinco principios que ya leíste. «Pero, ¿qué hay de *mi* vida? –me dicen con frecuencia–. ¿Cómo puedo saber *específicamente* qué es lo que Dios quiere que haga con mi vida?»

Cuando mi esposa estaba en su último año de la escuela secundaria esta pregunta era la primera en su mente. Deseaba fervorosamente ir a la Universidad Biola, donde yo era alumno, pero los gastos económicos eran abrumadores. Aunque algunos de sus familiares la alentaron para que asistiera a una universidad estatal, ella sabía que sólo sería feliz en una universidad cristiana. Oró entonces con entusiasmo para que Dios la guiara a un lugar que pudiese pagar. Aunque se desilusionó cuando las puertas de la Universidad Biola se cerraron para ella (por razones económicas), decidió ir a la Universidad Vanguard. Allí recibió dos becas: una académica y otra deportiva.

El deseo de Stephanie era ir en una dirección, pero el Señor dirigió sus pasos hacia otro lado. Con el tiempo le encantó cada aspecto de su estadía en Vanguard. ¿Hubiera estado fuera de la voluntad de Dios por asistir a la Universidad Biola o a una estatal? No, porque lo que hemos aprendido en este capítulo es que la voluntad de Dios implicaba *quién* era ella más que *qué* hacía. Dios estaría con ella en cualquier universidad a la que fuera.

Entonces, ¿cómo estás tú para tomar decisiones sabias? Antes de compartir contigo los principios bíblicos para tomar decisiones específicas para tu vida, permíteme comentarte dos conceptos importantes sobre cómo Dios guía.[3]

EL ESPÍRITU NOS GUÍA CON PODER PARA TOMAR LAS DECISIONES ADECUADAS

Con bastante frecuencia, me sorprende escuchar a la gente decir: «Siento que el Señor me guía a hacer tal y tal cosa». No puedo dejar de preguntarme cómo saben esto. Hasta donde yo sé, no hay una sola instancia en la Biblia donde se enseñe que Dios hable por medio de los sentimientos. Dentro de la subcultura cristiana es común que las personas afirmen que Dios las guía por medio de sus sentimientos. Yo sería precavido al usar este lenguaje particular porque no le encuentro fundamento bíblico a tal afirmación. Proverbios 3:5 dice: «Fíate de Jehová de todo tu corazón, y no te apoyes en tu propia prudencia». No debemos confiar en nuestros sentimientos, porque nuestros sentimientos pueden desviarnos con facilidad. Entonces, ¿*qué* significa que el Espíritu nos guíe?

Romanos 8:12-14 dice: «Así que, hermanos, deudores somos, no a la carne, para que vivamos conforme a la carne; porque si vivís conforme a la carne, moriréis; mas si por el Espíritu hacéis morir las obras de la carne, viviréis. Porque *todos los que son guiados por el Espíritu de Dios*, éstos son hijos de Dios». Que el Espíritu nos dirija no se refiere a una guía individual, sino a fortalecer una vida justa, a defender y a respaldar lo correcto. El Espíritu nos guía al declararnos culpables de pecado y al facultarnos para tomar las decisiones adecuadas.

Dios abre puertas; no obstante, nos da la libertad para atravesarlas

El apóstol Pablo tuvo algunas puertas abiertas para su ministerio: «Pero estaré en Éfeso hasta Pentecostés; porque se me ha abierto puerta grande y eficaz, y muchos son los adversarios» (1 Cor. 16:8-9). En esta oportunidad Pablo tuvo una puerta abierta y decidió seguirla.

Sin embargo, en otras oportunidades en realidad decidió ignorarlas. «Cuando llegué a Troas para predicar el evangelio de Cristo, aunque se me abrió puerta en el Señor, no tuve reposo en mi espíritu, por no haber hallado a mi hermano Tito; así, despidiéndome de ellos, partí para Macedonia» (2 Cor. 2:12-13). Nuevamente en Hechos 16:26-28, Pablo ignora una puerta abierta: «Entonces sobrevino de repente un gran terremoto, de tal manera que los cimientos de la cárcel se sacudían; y al instante se abrieron todas las puertas, y las cadenas de todos se soltaron. Despertando el carcelero, y viendo abiertas las puertas de la cárcel, sacó la espada y se iba a matar, pensando que los presos habían huido. Mas Pablo clamó a gran voz, diciendo: No te hagas ningún mal, pues todos estamos aquí». Hasta Pablo vio que las puertas abiertas son oportunidades que él tenía que escoger: actuar o ignorar, más que alguna revelación secreta de la voluntad de Dios.

Tomar decisiones con sabiduría

Hemos visto que a Dios le preocupa más lo que nosotros somos que lo que hacemos. Entonces, la pregunta aún es la misma: ¿Cómo tomaremos las decisiones importantes en la vida? La Biblia nos enseña que debemos *procurar la sabiduría*. De hecho, estamos obligados a procurar la sabiduría con todo lo que tengamos: «Mejor es adquirir sabiduría que oro preciado; y adquirir inteligencia vale más que la plata» (Prov. 16:16).

¿Pero cómo adquirimos sabiduría? Santiago 1:5 nos insta a que se la pidamos a Dios: «Y si alguno de vosotros tiene falta de sabiduría, pídala a Dios, el cual da a todos abundantemente y sin reproche, y le será dada». Hasta Salomón, el hombre más sabio de la historia, pidió sabiduría.

«Dame ahora sabiduría y ciencia, para presentarme delante de este pueblo; porque ¿quién podrá gobernar a este tu pueblo tan grande?» (2 Crón. 1:10). También adquirimos sabiduría al leer la Palabra de Dios, al buscar consejo divino de parte de los ancianos y a través de nuestra propia experiencia. Proverbios 13:10 afirma que «con los avisados está la sabiduría». Si estás dispuesto a buscar la sabiduría divina, entonces Dios moldeará tus deseos y, por último, guiará tus pasos.

Conclusión

La voluntad de Dios es que seas salvo, lleno del Espíritu Santo, puro, sujeto a las autoridades respectivas y que confíes en Dios en medio del sufrimiento. Sin embargo, ¡lo más importante de su voluntad eres TÚ! La voluntad de Dios no está demasiado relacionada con lo que tú haces sino con lo que eres. La voluntad del Señor es que tú seas una persona santa que respalda y hace lo que está bien. Cuando necesites tomar decisiones importantes, busca la sabiduría por medio de la oración, el consejo sabio y la Palabra de Dios.

Revisión

1. ¿Cuál es la voluntad de Dios respecto de la salvación?

_____

_____

_____

_____

_____

2. ¿Qué significa «ser llenos del Espíritu Santo»?

_____

_____

_____

_____

_____

_____

3. ¿De qué manera Dios anhela que su pueblo sea puro?

_____

_____

_____

_____

_____

_____

4. ¿Cuál es la voluntad de Dios para sus seguidores y las autoridades respectivas?

_____

_____

_____

_____

_____

5. ¿Quién sufrirá según la voluntad de Dios? ¿Por qué?

_____

_____

_____

_____

_____

6. ¿Qué significa que la voluntad de Dios eres tú?

_____

_____

_____

_____

_____

7. Describe cómo Dios te guía en las Escrituras.

_____

_____

_____

8. ¿Cómo tomaremos las decisiones difíciles?

Pequeños grupos interactivos

1. Lee detenidamente 1 Corintios 7:1-16. ¿Qué revela este pasaje sobre la voluntad de Dios respecto de las relaciones? ¿Este pasaje trata más sobre hallar la voluntad de Dios para saber con quién te vas a casar o sobre ser el cónyuge adecuado? ¿O ambas?

2. ¿De qué maneras crees que en los círculos cristianos de hoy se malinterpreta la voluntad de Dios? ¿Por qué es tan difícil para la gente concentrarse en la voluntad del Señor como se revela en las Escrituras?

Fuentes recomendables

(en inglés)

La siguiente es una lista de lecturas recomendadas para investigar más asuntos éticos contemporáneos y verdades morales:

ABSOLUTOS MORALES

Francis J. Beckwith & Gregory Koukl, *Relativism: Feet Firmly Planted in Thin Air* [Relativismo: Arraigado con firmeza en el tenue aire] (Grand Rapids, MI: Baker Books, 1998).

Norman L. Geisler, *Christian Ethics: Options and Issues* [Ética cristiana: Opciones y cuestiones] (Grand Rapids, MI: Baker Books, 1989).

Paul Copan, *True for You, but Not for Me: Deflating the Slogans That Leave Christians Speechless* [Verdadero para ti pero no para mí: Desvalorizar el eslogan que deja a los cristianos sin habla] (Minneapolis, MN: Bethany House Publishers, 1998).

Clive Staples Lewis, *The Abolition of Man* [La abolición del hombre] (San Francisco, Harper San Francisco, 2001).

J. Budzizewski, *Written on the Heart: The Case for Natural Law* [Escrito en el corazón: El argumento de la ley natural] (Downers Grove, Ill.: InterVarsity Press, 1997).

ASUNTOS MORALES CONTEMPORÁNEOS

Francis J. Beckwith, *Do the Right Thing: Readings in Applied Ethics and Social Philosophy* [Haz lo correcto: Lecturas sobre ética aplicada y filosofía social] (Florence, KY: Wadsworth Publishing, 2001).

Kerby Anderson, *Christian Ethics in Plain Language* [Ética cristiana en lenguaje sencillo] (Nashville, TN: 2005).

Scott B. Rae, *Moral Choices* [Opciones morales] (Grand Rapids, MI: 2000).

Peter Kreeft, *Making Choices* [Tomar decisiones] (Cincinnati, OH: Servant Books, 1990).

Sitios Web recomendados sobre asuntos éticos (en inglés)

Stand to Reason [Quédate a razonar]: www.str.org

Leadership University [Universidad para el liderazgo]: www.leaderu.com

Probe Ministry [Ministerio Probe]: www.probe.org

The Center for Bioethics & Human Dignity [Centro para la Bioética y la Dignidad Humana]: www.cbhd.org

Notas

Capítulo 1

1. Pamela Paul, «The Power of Uplift» [El poder de ennoblecer], *Time* (17 de enero de 2005), A46-48.

2. Jimmy Carter, *Living Faith* [La fe viviente] (Nueva York: Times Books, 1996), 161.

3. Heather Farish, «The Whole Story on Sex» [Toda la historia del sexo, comunicado de prensa] (Washington, D.C.: Family Research Council; 29 de marzo de 2001).

4. «Abortion and Breast Cancer Linked in Report» [Informe que relaciona el aborto con el cáncer de mamas], *World* (26 de octubre de 1996), 18.

5. «Study: Post-abortive Women Suffer» [Estudio: Padecimiento de la mujer después de abortar], *Citizen* (Febrero de 2005), 8.

6. Thomas Schmidt, *Straight and Narrow?* [¿Heterosexual?] (Downers Grove, Ill.: InterVarsity Press, 1995), 121.

Capítulo 2

1. Sarah Childress y Dirk Johnson, «The Hot Sound of Hate» [El tórrido sonido del odio], *Newsweek* (29 de noviembre de 2004).

Capítulo 3

1. Josh McDowell y Thomas Williams, *In Search of Certainty* [En busca de la certeza] (Wheaton, Ill.: Tyndale, 2003).

2. Clive Staples Lewis, *Mere Christianity* [Cristianismo puro] (Nueva York: Macmillan, 1960), 58.

3. James Porter Moreland y William Lane Craig, *Philosophical Foundations for a Christian Worldview* [Fundamentos filosóficos para una cosmovisión cristiana] (Downers Grove, Ill.: InterVarsity Press, 2003), 130-31.

4. Le estoy agradecido a Peter Kreeft por el enfoque de su libro *Making Choices* [Tomar decisiones] (Cincinnati, Ohio: Servant Books, 1990), 9-11.

5. Le agradezco a Gregory Koukl, presidente de *Stand to Reason*, por su profundo conocimiento en este rango.

6. Clive Staples Lewis, *Mere Christianity* [Cristianismo puro], 19-20.

7. Peter Kreeft, *Making Choices* [Tomar decisiones], 45.

8. Paul Copan, *True for You, but Not for Me* [Verdadero para ti pero no para mí] (Minneapolis, Minn.: Bethany House Publishers, 1998), 23.

9. Josh D. McDowell y Thomas Williams, *In Search of Certainty* [En busca de la certeza].

CAPÍTULO 4

1. Allen Bloom, *The Closing of the American Mind* [El cierre de la mente americana] (Nueva York: Simon & Schuster, 1987), 25.

2. Esta ilustración se tomó de Paul Copan, *True for You, but Not for Me* [Verdadero para ti pero no para mí] (Minneapolis, Minn.: Bethany House Publishers, 1998), 17.

3. James Porter Moreland, *Love Your God with All Your Mind* [Ama a Dios con toda tu mente] (Colorado Springs, Colo.: NavPress, 1997), 153.

4. Peter Kreeft, *Making Choices* [Tomar decisiones] (Cincinnati, Ohio: St. Anthony Messenger Press, 1990), 37.

5. Norman L. Geisler, *Baker Encyclopedia of Christian Apologetics* [Enciclopedia Baker de apologética cristiana] (Grand Rapids: Baker Books, 1999), 502.

6. Francis J. Beckwith, «Why I Am Not a Moral Relativist» [Por qué no soy un relativista moral] *Why I Am a Christian: Leading Thinkers Explain Why They Believe* [Por qué soy cristiano: Guía para que los pensadores expliquen por qué creen], Norman L. Geisler y Paul K. Hoffman, eds. (Grand Rapids: Baker, 2001), 24.

7. Para investigar más sobre la existencia de Dios ver Norman Geisler y Joseph Holden, *Living Loud* [Vivir con intensidad] (Nashville: Broadman & Holman, 2002); para otros estudios más avanzados considere Norman Geisler y Frank Turek, *I Don't Have Enough Faith to Be an Atheist* [No tengo la suficiente fe para ser un ateo] (Wheaton, Ill.: Crossway Books, 2004).

8. Madre Teresa, «We Must Give Until It Hurts» [Debemos dar hasta que duela], *World* (12 de febrero de 1994), 22-24.

9. Francis J. Beckwith, *Do the Right Thing: Readings in Applied Ethics and Social Philosophy* [Haz lo correcto: Lecturas sobre ética aplicada y filosofía social] 2º ed. (Belmont, Calif.: Wadsworth, 2002), XII.

10. Gregory Koukl, «Homosexuality: Giving Your Point of View» [Homosexualidad: Da tu punto de vista] www. str.org/free/commentaries/homosexuality/homosex1.htm, (descargado el 21 de julio de 2004).

CAPÍTULO 5

1. Lorraine Ali y Julie Scelfo, «Choosing Virginity» [Elegir ser virgen], *Newsweek* (9 de diciembre de 2002), 61-66.

2. Josh McDowell, *Right from Wrong* [Lo correcto y lo incorrecto] (Dallas, Tex.: Word Publishing, 1994), 147-66.

3. Peter Kreeft, *Making Choices* [Tomar decisiones] (Cincinnati, Ohio: St. Anthony Messenger Press, 1990), 101.

4. *Seventeen, «Sex and Body»* [Diecisiete, «sexo y cuerpo»] (enero de 2000).

5. Ronald O. Valdiserri, M.D., disertación frente al Subcomité de Salud y Ambiente sobre el tema de cáncer cervical, Comité de Comercio de la Cámara de Diputados, *Informe del Congreso* (16 de marzo de 1999), 18-22.

6. Instituto Médico para la Salud Sexual, «Listado de enfermedades transmitidas por contagio sexual» (1994); www.wcpc.org/sexuality/std.html.

7. Valdiserri, discurso, 3.

8. William Archer III, M.D., *Sexual Health Update Newsletter* [Circular actualizada de salud sexual], 7:3 (otoño de 1999).

9. Programa de Desarrollo de Consensos del Instituto Nacional de Salud, «Cáncer cervical». Declaraciones 14:1 (1-3 de abril de 1996); www.odp.od.nih.gov/consensus/cons/102/102_intro.htm

10. Ibíd.

11. «Safe Sex?» [¿Sexo sin riesgos?] (Austin, Tex.: The Medical Institute, 1999), presentación documentada con diapositivas.

12. Josh McDowell, *Why True Love Waits* [Por qué el verdadero amor espera] (Wheaton, Ill.: Tyndale, 2002), 321.

13. Ibíd., 325.

14. Fred R. Berger, *Pornography, Sex, and Censorship. Do the Right Thing* [Pornografía, sexo y censura. Haz lo correcto], Francis J. Beckwith, ed. (Belmont, Calif.: Wadsworth, 2002), 589.

15. William R. Mattox Jr., «Aha! Call It the Revenge of the Church Ladies» [¡Ahá! Llámenlo la venganza de las damas de la iglesia], *USA Today* (11 de febrero de 1999), 15A.

16. Hechos 15:20; 1 Corintios 6:9, 13; Gálatas 5:19; 1 Tesalonicenses 4:3.

17. Walter Trobisch, *I Loved a Girl* [Amé a una muchacha)] (Nueva York: Harper & Row, 1975), 8.

18. *National Review* (31 de diciembre de 1995).

19. Sonya Jason, «Scourge of the Valley Pornography Undermines Decent Society» [El flagelo de la pornografía del valle desautoriza a la sociedad decente], *Daily News* (Los Ángeles, Calif.: 23 de mayo de 2004).

20. Robertson McQuilkin, *An Introduction to Biblical Ethics* [Introducción a la ética bíblica] (Wheaton, Ill.: Tyndale, 1995), 221.

21. J. Kerby Anderson, *Moral Dilemmas* [Dilemas morales] (Nashville: Word, 1998), 148.

22. Robert H. Bork, *Slouching Towards Gomorrah: Modern Liberalism and American Decline* [Andando con los hombros caídos hacia Gomorra: Liberalismo moderno y decadencia americana] (Nueva York: HarperCollins, 1996).

23. «Medically Speaking, Oral Sex and STDs» [Médicamente hablando, el sexo oral y las ETS. Informe actualizado de salud sexual] (The Medical Institute, otoño de 2003).

24. Ibíd.

25. 1 Corintios 6:18; 1 Pedro 5:9.
26. Citado de Scott B. Rae, *Moral Choices* [Decisiones morales] (Grand Rapids: Zondervan, 2000), 241.

CAPÍTULO 6

1. Laura D'Angelo, «E' is for Empty: Daniel's Story» [«La historia de Daniel», del Instituto Nacional para el Abuso de Drogas], www.teens.drugabuse.gov/stories/story_xtc1.asp (descargado el 10 de enero de 2005).
2. Ibíd.
3. Citado por Kerby Anderson, *Moral Dilemmas* [Dilemas morales] (Nashville: Word Publishing, 1998), 113.
4. «Marijuana: Facts Parents Need to Know» [«Marihuana: Hechos que los padres deben conocer», del Instituto Nacional para el Abuso de Drogas], www.nida.nih.gov/marijBroch/parentpg11-12N.html#Harmful (descargado el 25 de marzo de 2005).
5. «Ecstasy» [«Éxtasis», del Instituto Nacional para el Abuso de Drogas], www.teens.drugabuse. gov/facts/facts_xtc2.asp (descargado el 10 de enero de 2005).

CAPÍTULO 7

1. J. Kerby Anderson, *Moral Dilemmas* [Dilemas morales] (Nashville: Word Publishing, 1998), 4-5.
2. John Ankerberg y John Weldon, *The Facts on Abortion* [Hechos sobre el aborto] (Eugene, Ore.: Harvest House Publishers, 1995), 6-10.
3. La descripción cronológica fue adaptada de «A Baby's First Months» [Los primeros meses del bebé], un folleto ofrecido por Tennessee Right to Life (Nashville) www.tnrtl.org.
4. Este argumento en tres partes fue desarrollado por Gregory Koukl, *Precious Unborn Human Persons* [Preciosas personas que aún no nacieron] (San Pedro, Calif.: Stand to Reason Press), 16-23.
5. Ibíd., 16.
6. Ibíd., 22.
7. Ronald Reagan, *Abortion and the Conscience of the Nation* [El aborto y la conciencia de la nación] (Nashville: Nelson, 1984), 21, citado en Robertson McQuilkin, *Biblical Ethics* [Ética bíblica] (Wheaton, Ill.: Tyndale, 1989), 315.
8. Scott B. Rae, *Moral Choices* [Opciones morales] (Grand Rapids: Zondervan, 2000), 139.
9. Richard Werner, «"Abortion: The Moral Status of the Unborn", Social Theory and Practice 4» [«"Aborto: El estatus moral del que aún no ha nacido". Teoría y Práctica Social 4»] (primavera de 1975), 202.
10. Diccionario de la Real Academia Española, vigésima segunda edición.
11. John Ankerberg y John Weldon, *The Facts on Abortion* [Hechos sobre el aborto], 17.

12. Este acrónimo es de Stephen Schewarz, «La cuestión moral del aborto» (Chicago: Loyola University Press, 1990), 15

13. Scott Klusendorf, *Pro-Life 101* [A favor de la vida] (Signal Hill, Calif.: Stand to Reason Press), 2002-23.

14. Scott B. Rae, *Moral Choices* [Opciones morales], 135.

15. Gwendolyn Mitchell Diaz, *Sticking Up for What Is Right* [Defender lo que está bien] (Colorado Springs, Colo.: NavPress, 2002), 111.

16. Ronald Reagan, *Abortion and the Conscience of the Nation* [El aborto y la conciencia de la nación], 38.

Capítulo 8

1. Judas 7; 2 Pedro 2:7-10.

2. John S. Feinberg, Paul D. Feinberg, *Ethics for a Brave New World* [Ética para un nuevo mundo audaz] (Wheaton, Ill.: Crossway Books, 1996, c1993).

3. Marcos 7:18; Hechos 10:12.

4. Romanos 1:26-27; 1 Corintios 6:9; 1 Timoteo 1:10; Judas 7.

5. James Dobson, *Bringing up Boys* [Criar varones] (Wheaton, Ill.: Tyndale, 2001), 113-29.

6. See M. King y E. MacDonald, «Homosexuals Who Are Twins: A Study of Forty-Six Probands» [Homosexuales que son gemelos: Un estudio de 46 casos], *British Journal of Psychiatry* 160 (1992), 407-409; y Joe Dallas, *Desires in Conflict* [Deseos en conflicto] (Eugene, Ore.: Harvest House, 1991), 90.

7. David Gelman, «Born or Bred?» [¿Nacido o criado?], *Newsweek* (24 de febrero de 1992), 46.

8. John Ankerberg y John Weldon, *The Facts on Homosexuality* [Hechos sobre la homosexualidad] (Eugene, Ore.: Harvest House, 1994), 14-15.

9. Ibíd.

10. John Crewdson, «Study on Gay Gene Challenged» [Estudio sobre el gen gay], *Chicago Tribune* (25 de junio de 1995), 1, 10-11.

11. Stanton L. Jones y Mark A. Yarhouse, «The Use, Misuse, and Abuse of Science» [Uso, mal uso y abuso de la ciencia], *Homosexuality, Science and the Plain Sense of Scripture*, [Homosexualidad, ciencia y el sentido común de la Escritura], David L. Balch, ed. (Grand Rapids: Eerdmans, 2000), 94-95.

12. Este punto fue elaborado por Gwendolyn Mitchell Diaz en *Sticking up for What Is Right: Answers to the Moral Dilemmas Teenagers Face* [Defender lo que está bien: Respuestas a los dilemas morales a los que se enfrentan los adolescentes] (Colorado Springs, Colo.: NavPress, 2002), 94-95.

13. Thomas E Schmidt, *Straight and Narrow?* [¿Heterosexual?] (Downers Grove, Ill.: InterVarsity Press, 1995), 110-20.

14. Mi agradecimiento a Gregory Koukl por su punto de vista sobre este artículo: «Doing What Comes Naturally». Solid Ground [«Hacer lo que es natural». Base firme] (mayo-junio de 2002), 1-2.

15. Ibíd., 1.

16. Charles Colson, *Answers to Your Kids' Questions* [Respuestas a las preguntas de los jovencitos] (Wheaton, Ill.: Tyndale, 2000), 116.

CAPÍTULO 9

1. Julie Scelfo, «Happy Divorce» [Divorcio feliz], *Newsweek* (6 de diciembre de 2004), 42.

2. Diccionario de la Real Academia Española, vigésima segunda edición.

3. John S. Feinberg, y Paul D. Feinberg, *Ethics for a Brave New World* [Ética para un nuevo mundo audaz] (Wheaton, Ill.: Crossway Books, 1996) 329.

4. «Does Divorce Make People Happy?» [¿El divorcio hace a la gente feliz?], Instituto para los valores estadounidenses (Nueva York, 2002). Este informe fue escrito por un equipo de estudiosos dirigidos por Linda J. Waite, www.americanvalues.org.

5. «Why Marriage Matters: Twenty-One Conclusions from the Social Sciences» [Por qué importa el matrimonio: 21 conclusiones de las ciencias sociales], Instituto para los Valores Estadounidenses (Nueva York, 2002), www.americanvalues.org.

6. Erwin W. Lutzer, *The Truth about Same-Sex Marriage* [La verdad sobre los casamientos con personas del mismo sexo] (Chicago, Ill.: Moody Press, 2004), 25-26.

7. Ibíd., 79-80.

8. Ibíd., 85.

CAPÍTULO 10

1. «Informes presidenciales estadounidenses sobre la Operación Libertad Iraquí» www.whitehouse.gov/news/releases/2003/03/20030331-4.html (31 de marzo de 2003).

2. Ver, para artículos más detallados sobre el tema, «Terrorismo», de Kerby Anderson, www.leaderu.com/orgs/probe/docs/terror.html#.

CAPÍTULO 11

1. Mucho de este capítulo se adaptó de John MacArthur Jr., *Found: God's Will* [Encontrada: La voluntad de Dios] (Colorado Springs, Colo.: Chariot Victor, 1977).

2. Ibíd., 59.

3. Mi agradecimiento a Gregory Koukl, del ministerio *Stand to Reason*, por su punto de vista sobre la voluntad de Dios. Para mayor referencias ver la serie de CD: «Decision Making and the Will of God» [Tomar decisiones y la voluntad de Dios], disponible en inglés en www.str.org.